KB011464

心理刘备
ISBN: 9787564573720
This is an authorized translation from the SIMPLIFIED CHINESE language edition entitled 《心理刘备》 published by 郑州大学出版社., through 陈禹安, arrangement with EntersKorea Co.,Ltd.

이 책의 한국어판 저작권은 (주)엔터스코리아를 통한 중국 陈禹安 저자와의 계약으로 리드리드(주)가 소유합니다.
저작권법에 의하여 한국 내에서 보호를 받는 저작물이므로 무단전재와 무단복제를 금합니다.

유비는
왜 그랬을까

유비는 왜그랬을까 1

겸손을 무기로 결정적 기회를 기다려라

펴낸날 2024년 9월 25일 1판 1쇄

지은이 천위안
옮긴이 정주은
펴낸이 이종일 강유균
편집위원 이라야 남은영
기획·홍보 김아름 김혜림
교정·교열 이교숙 정아영 나지원
경영지원 이안순
디자인 바이텍스트
마케팅 신용천

펴낸곳 리드리드출판(주)
출판등록 1978년 5월 15일 제 13-19호
주소 경기도 고양시 덕양구 청초로 66 덕은리버워크지산 B동 2007호~2009호
전화 (02)719-1424
팩스 (02)719-1404
이메일 genie3261@naver.com
홈페이지 www.readlead.kr

ISBN 978-89-7277-393-1 (04190)
978-89-7277-604-8 (세트)

* 파본은 구입한 서점에서 교환해 드립니다.
* 책값은 뒤표지에 있습니다.

시련을 기회로 바꾼 삼국지 역경 극복 처세술

유비는 왜 그랬을까

천위안 지음

정주은 옮김

1

겸손을 무기로 결정적 기회를 기다려라

리드리드출판

◆저자 서문◆

'심리설사'를 말하다

'시련을 기회로 바꾸는 삼국지 역경 극복 처세술'은 '현대 심리학으로 읽는 삼국지 인물열전'과 함께 심리로 역사를 말하는 '심리설사心理說史'의 포문을 연 작품이다. 이번에 독자들이 궁금해하는 심리설사는 무엇인지, 심리설사는 어떻게 시작되었는지, 심리설사는 무엇을 지향하는지에 대해 간단하게 설명하고자 한다.

첫째, 심리설사는 무엇인가?

'시련을 기회로 바꾸는 삼국지 역경 극복 처세술'과 '현대 심리학으로 읽는 삼국지 인물열전'은 역사, 심리, 문학이 뒤섞인 최초의 작품이다. 역사소설 같기도 하고 심리분석서 같기도 한

三國志 劉備

이 시리즈는 기존에는 없던 형태다. '심리설사'에서 주목해야 할 부분은 '심리'다. 여기서 '심리'는 명사가 아니라 '마음을 다스리다'라는 뜻의 동사로 이해해야 한다. 그러니까 '현대 심리학으로 읽는 삼국지 인물열전' 시리즈는 삼국 역사의 흐름과 주요 사건을 심리학으로 정리하고 분석한 것으로 그들이 일생을 살아가면서 겪는 심리 변화의 과정이다.

처음에는 주로 사회심리학social psychology으로 분석했으나 필요에 따라 자연스럽게 성격심리학personality psychology, 발달심리학developmental psychology, 진화심리학evolutionary psychology, 인지심리학cognitive psychology, 생물심리학biological psychology도 적용했다. 또 심리치료 분야의 다양한 연구 성과도 인용했다. 여기에 더해 현대적 학문 체계의 '심리학'을 뛰어넘어 중국 전통문화 속 유교, 불교, 도교 및 서양 철학 체계의 개인적 깨달음도 녹여냈다.

개인적으로 '마음을 다스리다'가 '심리'보다 진정한 내적 의미에 가까운 표현이라고 생각한다. 이 세상에서 인간의 사회적 속성과 문화적 속성에 관련된 지식은 오직 심리학뿐이라는 의미이다. 철학, 인류학, 사회학, 경영학, 마케팅도 일종의 심리학이다. 그래서 심리설사는 '마음'으로 역사를 정리하고 인물을 논한다.

'역사'를 언급하면 또 다른 논쟁이 일어날 수 있다. '심리설사'의 첫 번째 작품인 '현대 심리학으로 읽는 삼국지 인물열전' 시리즈에서 참고한 원본은 정사라고 여겨지는 《삼국지三國志》가 아닌 《삼국연의三國演義》이기 때문이다. 이 지점에서 독자들은 《삼국연의》도 역사라고 볼 수 있는지 의문을 가진다.

삼국시대는 역사상 매우 특수한 시기로 수십 년밖에 안 되는 짧은 기간이다. 하지만 기나긴 중국 역사 중 가장 널리 알려지고 줄기차게 회자되고 있다. 이는 민간에 전해진 《삼국연의》, 연극, 평서評書(민간 설창 문예의 일종으로 역사나 소설 등 장편 이야기를 흥미진진하게 들려주는 공연) 덕분이다. 만약 역사를 전공하지 않은 《삼국연의》 팬에게 '초선차전草船借箭(마른 풀을 실은 배로 화살을 빌린다)'을 한 사람이 제갈량이 아니라 손권孫權이고, 화웅華雄의 목을 벤 사람도 관우가 아니라 손견孫堅이며, '따뜻한 술이 식기도 전에 화웅을 죽인' 일도 지어낸 것이라고 한다면 목에 핏대를 세우며 달려들 것이다.

《삼국연의》는 오랜 세월에 걸쳐 완성된 공동 창작물이며 중국인의 집단 잠재의식의 발현이다. 《삼국연의》에는 중국인 국민성의 '유전암호genetic code'가 숨겨져 있고 심리학으로 분석할 필요성과 정당성이 있다.

물론 '심리설사' 시리즈는 역사적 사실을 존중하지만 100% 객관적 역사는 존재할 수 없다. 기록자의 주관적 느낌, 개인의 관점, 표현능력의 한계가 반영되기 때문이다.

둘째, '심리설사'는 어떻게 시작되었는가?

2007년 초여름, 매일 12시간 이상 일에 파묻혀 살던 나는 갑자기 시간이 넉넉한 일상을 맞이하게 되었다. 그때 나는 전혀 새로운 방식으로 역사를 이야기하고 싶어졌다. 그래서 컴퓨터에 글을 쓰기 시작해 어느새 3만 자를 채웠고, 그렇게 《심리학이 관우에게 말하다》의 1장부터 10장까지를 완성했다.

그런데 거기까지 쓰고 나자 갑자기 흥미를 잃어 그만뒀다. 그 후 2년이 지난 어느 날, 우연히 이 글이 떠올라 '텐야포럼'에 매일 한 장씩 업로드했다. 처음에는 별 반응이 없어서 10장까지 업로드하고 그만두려는데 9장부터 갑자기 댓글이 폭발하기 시작했다. 네티즌의 성원에 어쩌면 내 글이 가치가 있을지 모르겠다는 생각이 들었다. 그래서 전체를 단숨에 완성했다.

그러니 '심리설사'는 생각지도 못한 수확이다. 글을 시작할 때는 10장 넘게 쓰게 될 줄 몰랐고, 이 시리즈가 다양한 언어로 번역돼 전세계에 소개될 거라고도 전혀 생각지 못했다.

셋째, '심리설사'는 무엇을 지향하는가?

인성의 관점에서 볼 때 역사는 거대한 심리실험실이다. 그래서 그 문을 열어젖히면 이 순간의 현실을 마주하게 된다. 역사는 옛사람의 이야기가 아니라 우리 자신의 이야기다. 그런 점에서 심리설사도 가치를 발한다. 즉 옛사람의 심리를 분석해 오늘날을 살아가는 깨달음을 얻는 것이다.

사람은 끊임없이 성장한다. 모든 사람의 일생은 심리의 발전 과정이다. 우리는 종종 상대에게 한 가지 라벨만 붙이는데 사람은 누구나 다양한 면을 가지고 있다.

'심리설사'가 역사를 심리학으로 부활시키고 인간성이 심리학에서 펄떡이게 만들어 역사학, 심리학, 문학이 만나는 곳에 특별한 흔적으로 남기 바란다. 역사로 인간 본성을 읽는 것은 '심리설사'가 마땅히 져야 할 역사적 사명이자 '심리설사'가 나아갈 미래이다.

역사적으로 해온 모든 노력은 더 아름다운 현실을 만들기 위함이다.

항주별관 13B에서 천위안

◆ prologue ◆

심리학자의 역사관에 대하여

중국인은 삼국시대에 특별한 감상을 품고 있다. 그러나 삼국의 존속 기간이나 발전 과정을 조금 깊이 연구해보면 이 시대가 역사에 지나치게 많은 영향을 미쳤음을 알 수 있다.

그 이유는 '하나의 시대, 두 개의 역사'에서 찾을 수 있다. 둘 중 하나의 역사는 빛바랜 종이에 고요히 누워 찾는 이 하나 없는 적막한 시간을 보내고, 다른 하나는 사람들이 모이는 곳이라면 어김없이 이야깃거리로 튀어나온다. 전자는 《삼국지》를 위시한 이른바 '정사正史'이고 후자는 《삼국연의》로 대표되는 소설, 희극, 민간 전설 등 다양한 형태로 전파된 '야사野史'이다.

야사는 심리학의 '가용성 편향availability heuristic'을 잘 보여준다. 인류의 인지 메커니즘으로 보면 구체적이고 손에 잡힐 듯 생생하며 상상력이 넘치는 정보들이 훨씬 더 쉽게 받아들여지는 것이다. 그로 인해 사람들에게 인정받고 전파된다.

서양 철학자 프랜시스 베이컨Francis Bacon은 역사는 인간을 지혜롭게 만든다고 했다. 역사를 돌아보는 것은 지혜를 익혀 앞날을 현명하게 헤쳐가기 위함이다. 그렇다면 어떤 역사를 알아야 하는가?

역사학자들은 '정사'의 역사 알기를 원하지만 이는 심리학자의 역사관과는 거리가 있다.

첫째, 심리학자가 봤을 때 절대적으로 진실한 역사란 존재하지 않는다.

심리학자 율릭 나이서Ulric Neisser는 미국의 우주왕복선 챌린저호가 폭발한 날 아침, 에모리대학 학생들에게 이 소식을 들었을 때의 상황을 물었다. 학생들은 모두 사고를 접한 순간을 분명하게 기록했다. 그로부터 3년이 흐른 뒤, 아직 재학 중인 학생 44명에게 당시 상황을 쓰게 했다. 그 결과 이전에 적었던 내용과 완전히 똑같이 적은 학생은 한 명도 없었고, 25% 정도는 전혀 다른 내용을 적어냈다. 기억도 그렇게 믿을 만하지 않다는 말이다.

역사는 인류의 집단 기억으로 기록자의 요약과 생략, 의식적 또는 무의식적 왜곡 과정에서 실제 역사와는 다른 내용이 기록될 수밖에 없다. 따라서 역사는 완벽한 진실일 수는 없다. 그럼에도 정사를 읽어야만 지혜로워진다고 고집한다면 시대의 흐름에 뒤처지게 된다.

둘째, 심리학자의 역사관은 아는 것만이 존재했다고 믿고, 믿는 것이 곧 진실이라 생각한다.

인간은 신이 아니므로 모든 것을 알 수 없다. 예를 들어 세균을 발견하기 전까지 인류는 세균의 존재를 몰랐다. 그래서 인지되는 것만 '있다' 또는 '존재한다'라고 말할 수 있고, 인지할 수 없는 것은 '없다' 또는 '존재하지 않는다'라고 논할 수밖에 없다. 또 운 좋게 '있다' 또는 '존재한다'로 분류된 것들도 사람들이 믿어야만 진실이 된다. 한마디로 믿음을 산 것은 진짜가 되고 믿음을 사지 못한 것은 가짜가 된다.

심리학에서 말하는 플라세보 효과placebo effect란 환자가 효과가 없는 치료를 받고도 효과가 있다는 믿음으로 병세가 호전되는 현상을 말한다. 2차 세계대전에 참전했던 미군 병사는 5년 동안 시달린 무릎 통증이 퇴행성관절염으로 진단받았다. 의사는 전신마취를 한 다음 무릎 피부를 살짝 절개했을 뿐 진짜로 수술하지는 않았다. 그런데 그는 무릎이 완전히 나아 몇 년 만에 목발 없이 걸었다. 훗날 의사가 진상을 알려줬는데도 그는 '플라세보 효과'임을 믿지 않았다.

《삼국연의》에서 '술이 식기도 전에 화웅의 목을 벤' 것은 관우가 이룬 쾌거였고 '마른 풀만 실린 배로 화살을 빌린' 것은 제갈량의 신묘한 계책이었다. 그러나 역사적 진실이 담긴 《삼국지》에서는 화웅을 죽인 사람은 손견이고 마른 풀을 실은 배로 화살을 빌린 사람은 손권이다. 과연 이를 아는 사람이 몇 명이나 될까?

청나라 초대 황제 누르하치努爾哈赤는 《삼국연의》를 진실이라

믿었다. 이는 그의 주변 사람에게도 영향을 미쳐 누르하치의 아들 홍타이지皇太極는 황위에 오르자 《삼국연의》 속 주유처럼 반간계를 이용해 숭정제崇禎帝와 원숭환袁崇煥을 이간질한다. 그리하여 명나라를 수호한 명장 원숭환을 죽이는 데 성공했다. 이처럼 현실의 상황에 영향을 미치는데도 진실한 역사가 아닌가?

셋째, 신화나 동화, 우화는 진실이 아니다. 하지만 교육적 효과가 없다고 말할 수는 없다. 그래서 역사학자와 달리 심리학자는 사람들이 진실이라고 믿는 역사, 그런 역사가 미칠 수 있는 영향에 더 주목한다. 역사적 진실을 꼬치꼬치 캐내려고 하지 않는다는 말이다.

이쯤에서 삼국시대를 기록한 두 개의 역사서를 다시 살펴볼 필요가 있다. 원본 선택의 문제와 맞닿아 있기 때문이다. '현대 심리학으로 읽는 삼국지 인물열전'은 나관중의 저서, 오군吳郡 녹음당綠蔭堂 소장본 《이탁오선생비평삼국지李卓吾先生批評三國志》(《삼국연의》의 모태가 된 책)의 서술 과정을 따라갔다. 하지만 이번에 출간하는 '시련을 기회로 바꾸는 삼국지 역경 극복 처세술'은 조금 다르다.

먼저 《삼국연의》를 보자. 《삼국연의》에서는 유비를 지나치게 띄우다 보니 현실과 너무 동떨어진 내용이 있다. 대표적으로 유비가 서주에서 패해 도망치다 사냥꾼 유안劉安을 만나는 내용이다. 유비의 인덕에 감복한 백성이 그를 무한히 지지했음을 보여주기 위해 유안이 아내를 죽여 그 고기를 유비에게 대접한 내용을 억지로 만들어 넣었다. 이처럼 지나치게 잔인한 에피소드를 이 책에 쓸 수는 없지 않겠는가. 그래서 일부 에피소드는 적절한 표현을 위해 《삼국지》에서 가져왔다.

사실 《삼국연의》와 《삼국지》를 섞어 집필했기에 마음이 영 개운치 않음이 솔직한 심정이었다. 그러던 중 우연히 잡지(2014년)에 실린 선닝沈寧 선생의 글을 발견했다.

“사실상 《삼국지》도 이미 연의演義의 형태로 쓰였다. 특히 배송지裴松之의 주석은 연의 속 이야기를 많이 기록했다. 그리고 《삼국연의》도 사실이 70%, 허구가 30%이고 배송지의 주석을 많이 썼으므로 《삼국연의》를 역사 위인전이라고 불러도 무방하다. 그래서 선인들이 역사를 기록할 때도 연의 형식을 완전히 배제할 수 없었는데 오늘날의 사가들이 연의 형식이 끼어 있다는 이유로 걸핏하면 역사를 기록한 글을 부정한다. 이것은 옳지 않다고 생각한다."

매우 공감이 가는 글이었다. 덕분에 찝찝함을 덜어냈다.

사실 심리학으로 역사를 분석하면 오히려 정사에서 모순되는 일부 기록의 진위를 판단할 수 있다. 예를 들어 춘추시대 말, 오나라 권신 백비伯嚭의 운명에는 두 가지 기록이 존재한다. 《사기史記》에는 월나라가 오나라를 멸한 뒤 구천이 백비를 죽였다고 되어 있지만, 《좌전左傳》에는 백비가 다시 구천의 환심을 사 월나라에서 태재太宰의 자리에 올랐다고 되어 있다.

《사기》와 《좌전》은 모두 정사인데 어느 쪽이 진실일까?

《사기》는 사마천이 지었고 《좌전》은 공자가 지은 노나라의 역사서 《춘추春秋》를 해석했다. 사마천은 순탄치 못한 삶을 살았다. 그래서 《사기》를 읽으면 그가 가슴에 맺힌 응어리를 글로 풀고 있음을 곳곳에서 느낄 수 있다. 공자는 춘추필법春秋筆法을 처음으로 만들었는데 글에서 감정을 드러내지 않는 필법이다. 그러니 공자가 역사적 사실을 고쳤을 리는 만무하다. 사마천과 공자의 가치관을 보면 두 사람 다 '백비를 죽이고' 싶은 마음이 간절했을 것이다. 그러나 공자는 개인의 바람과는 달리 백비가 월나라에서 계속 태재직을 맡았다는 기록을 남겼다. 그러므로 아마 사마천이 정의를 선양하기 위해 백비에 관해 왜곡된 기록을 남겼을 가능성이 크다.

그래서 또다른 역사서 시리즈인 '심리오월 삼부곡'에서는 《좌전》의 내용을 따랐다. 물론 이것도 역사적 진실을 언급하기 위한 나의 선택이다. 세상에 올바른 선택이 어디 있겠는가? 우리가 하는 모든 노력은 그저 자신의 선택을 올바르다는 것을 증명하기 위한 발버둥인 것을.

향주별관 13B에서 천위안

◆차례◆

3부 영웅을 탐하다

도원에 서다

1부

유비, 관우, 장비는 복숭아나무 아래에서 형제의 의리를 맺는다.
세 사람이 하나의 뜻을 이루기 내기 위해 약속한 것이다.
이는 한 날에 태어나지 않았어도 한 시에 죽자는 맹세였으니
그 결속력이 대단히 위력적이다. 그 과정을 따라가 보자.

뜻을 세우고 세상을 보자

때론 우연한 만남이 삶을 송두리째 바꾸기도 한다. 유비와 장비의 만남이 그러했다.

어느 날, 유비는 탁현涿縣 성문 앞에 이르러 벽에 붙은 방을 보았다. 몇 구절 읽지도 않았는데 심란해진 유비는 저도 모르게 긴 한숨이 나왔다. 장비가 그 한숨의 의미를 넘겨짚고 버럭 호통쳤다.

"사내대장부가 나라를 위해 힘을 내야 할 시기에 어찌 한숨이나 쉰단 말이오?"

유비가 돌아보니 체구는 우람하고 표범 머리에 고리눈, 제비턱에 호랑이 수염을 가진 사납기 그지없는 장부가 이글거리는 눈빛으로 자신을 쏘아보고 있었다.

유비와 장비의 첫 만남이다.

사람들은 장비가 유비와 첫 만남에서 호통친 것을 대수롭지 않게 생각한다. 장비의 '호통'하면 대부분 훗날 장판파에서 조조의 백만대군을 겁에 질려 퇴각하게 만들고, 젊은 장수 하후걸을 놀라 죽게 만든 그 '대갈일성'만 떠올린다. 그러나 생각해 보라. 유비와의 첫 만남에서 이 호통이 없었다면 장비는 장판파에서 활약하지 못했을 것이고, 당연히 유비도 시대의 풍운아가 될 기회를 얻지 못했을 것이다. 한숨 뒤에 끼어든 호통이 없었다면 유비는 어수선한 마음을 정리하고 그 자리를 떠났을 테니 장비와는 스치는 인연으로 끝나지 않았을까.

그럼 도대체 거기에서 무슨 일이 벌어진 걸까?

이 시기의 천하는 몹시 어지러웠다.

때는 후한영제 중평 원년(서기 184년)이었다. 기주冀州 거록군鉅鹿郡의 장각張角, 장보張寶, 장량張梁 삼형제가 태평도太平道를 펼친다며 신도를 이끌고 '황건의 난'을 일으켰다. 여기에 곤궁한 삶에 지친 백성들이 너도나도 합류하니 어느새 그 수가 수십만으로 불어났다. 당시 천하는 13개 주로 나뉘어 있었는데 황건적이 청주青州, 서주徐州, 유주幽州, 기주冀州, 형주荊州, 양주揚州, 연주兗州, 예주

豫州를 휩쓸자 조정 안팎은 두려움에 휩싸였다.

후한영제는 급히 중랑장中郎將 노식盧植, 황보숭皇甫嵩, 주준朱儁에게 정예병을 이끌고 황건적을 토벌하라 명했다. 그리고 황건적 소탕에 힘을 보탤 의병을 전국 각지에서 모집했다. 유비와 장비가 본 방이 바로 유주자사幽州刺史가 의병을 모집하려고 붙인 것이다.

그런데 왜 방을 본 유비는 한숨을 내쉬고 장비는 그런 유비를 꾸짖었을까?

대부분은 장비의 걸걸한 성격이 그대로 드러난 사례라고 생각한다. 보통 자신의 직간접 경험에 비추어 상대의 성격을 진단하기 때문이다. 하나의 행동이나 말을 듣고 으레 성격이 어떻다는 식의 선입관을 가진다. 그러나 장비의 겉모습만 보고 이렇게 넘겨짚었다면 고정관념의 덫에 빠진 것이다.

장비의 우락부락한 생김새는 '걸걸한 사람'으로 떠올리는 전형적 특징이다. 그러나 투박한 외모와 달리 장비는 세심하고 기민한 사람이었다. 이를 증명할 사례가 적지 않으나 여기에서는 한 가지만 들고자 한다.

명나라 학자 풍몽룡馮夢龍이 중국 역사상 가장 지혜로웠던 인물들의 이야기를 모은 저서 《지낭智囊》에 장비에 관한 일화가 실려 있다.

유비가 익주를 취했을 때, 마초馬超가 투항해 오자 그를 극진히 예우하고 평서장군平西將軍 도정후都亭侯에 봉한다. 그런데 이에 교만해진 마초는 유비에게 예를 갖추기는커녕 유비의 자字를 그냥 불렀다. 분을 참지 못한 관우는 마초를 죽이려고 했으나 장비가 말렸다.

"이럴 때 어찌해야 하는지 우리가 몸소 보여줍시다."

이튿날 유비가 장수들을 소집했다. 마초가 자리에 들고 보니 관우와 장비가 유비의 뒤에 시립해서 공손하게 호위를 서고 있지 않은가. 그제야 잘못을 깨달은 마초는 이후 유비를 극진한 예로 대했다.

이에 풍몽룡은 후세 사람들이 장비를 경솔한 사람으로 취급하는 것은 애꿎은 사람을 잡는 격이라며 탄식했다.

장비는 방을 보자마자 성취욕이 들끓었다. 장비는 평범한 백성의 신분을 뛰어넘어 출세하길 원했다. 하지만 후한 말 계층간의 이동은 매우 어려운 야망이었다. 그러던 차에 황건의 난이 일어나 천하가 혼란에 빠진 것이다. 이것이 하늘이 준 기회임을 기민하게 알아차린 장비는 군에 들어가 황건적을 토벌하기로 뜻을 세웠다.

사람은 대개 불확실한 미래를 마주하기 꺼린다. 여럿이 무리를 이룬 뒤에야 용기를 내 두려움에 맞서려고 한다. 이것은 '소속 욕구'다.

스탠리 샥터Stanley Schachter는 다음과 같은 실험을 진행했다. 먼저 피실험자들에게 전기 충격을 실험하겠다고 밝혔다. 그리고 피실험자에게 실험을 기다리는 동안 혼자 있어도 되고, 다른 피실험자와 함께 기다리거나 실험에 참여하지 않는 사람과 함께 있을 수 있으니 선택하라고 했다.

그 결과, 고통이 예상되는 전기 충격 실험에 두려움을 느낀 피실험자 대부분은 같은 실험에 참여하는 '동반자'와 함께 기다리기를 원했다.

장비는 분명 배짱이 두둑하고 호방한 사람이었다. 그러나 군대에 들어가 적과 싸워본 적이 없으니 내심 두렵지 않았을 리 없었고, 그렇게 내면의 갈등을 겪고 있는데 갑자기 들려온 유비의 한숨에 벼락같은 깨달음을 얻었다. 그래서 유비도 자신과 같은 욕구가 있다고 넘겨짚고 든든한 동반자를 놓치지 않기 위해 손을 내민 것이다.

장비는 유비의 한숨이 뜻하는 바를 정확히 읽어냈다고 자신했지만 사실 유비의 속마음은 훨씬 복잡했다. 그러나 소 뒷걸음질 치다 쥐 잡은 격일지라도 장비의 호통은 유비의 '소속 욕구'을 불러일으켰다.

사람 사귀기를 좋아하는 유비는 장비의 용맹한 모습과 남다른 기개, 열정이 가득한 눈빛에 끌렸다.

"귀공의 존함은 어찌 되십니까?"

이에 장비가 호쾌하게 대답했다.

"성은 장이고 이름은 비, 자는 익덕翼德이오. 대대로 탁군에 살았고 적잖은 장원과 논밭을 가지고 있소이다. 지금은 비록 술을 팔고 돼지나 잡으며 살고 있지만, 천하 호걸들과 사귀기를 즐긴다오. 그런데 어찌 방문을 보고 한숨을 내쉰 거요?"

장비가 자신의 넉넉한 형편을 대놓고 밝힌 것은 부를 과시하려는 것으로 보인다. 이는 사람 사이의 교제에서 흔히 볼 수 있는 '자기 고양self_enhancement' 행위다. 누구나 처음 만나는 사람 앞에서는 자신의 돋보이는 신분이나 지위, 직함, 재산을 드러내게 마련이다.

첫 만남의 순간은 매우 중요하다. 무의식적으로 서로의 자원과 실력을 비교해 사회적 지위가 더 높은 쪽으로 서열을 정하기 때문이다.

최고의 흥행 배우 중 한 명인 사무엘 잭슨Samuel Jackson은 "남자 둘이 같이 있으면 30분도 안 돼 그중 한 사람이 우위에 서게 된다."라고 말했다. 평등에 관한 목소리가 날로 높아지는 오늘

날에도 이러한데 위계질서를 중시했던 고대사회라면 두말할 나위가 없을 것이다.

장비는 유비와 사귀고자 했을 뿐 그의 아우가 될 작정은 아니었다. 그러니 장비가 스스로 신분을 밝히고 부를 자랑한 것은 성격이 호탕해서이기도 하지만 부유한 집안을 내세워 우위에 서고 싶었기 때문이다.

장비의 말은 유비의 아픈 곳을 정통으로 찔렀다. 열등감에 휩싸인 유비는 당장 그 자리를 벗어나고 싶었다. 술을 팔고 돼지를 잡는 장비는 적잖은 장원과 논밭을 가졌는데 유비는 돗자리와 짚신이나 파는 찢어지게 가난한 신세였기 때문이다.

유비는 유주 탁현 누상촌樓桑村 사람으로 가정 형편이 몹시 어려웠다. 아버지가 일찍 돌아가셔서 노모와 함께 돗자리를 짜고 짚신을 삼아 팔며 겨우 입에 풀칠이나 하고 살았다.

장비와 유비는 둘 다 하층민이었지만 처지는 천양지차였다. 사회적 서열을 따지면 유비가 한참 밀렸다.

그렇다면 장비의 물음에 어떻게 답해야 자존심을 지킬 수 있었을까?

물론 사실대로 답할 수도 있다. 그런다고 장비가 유비를 꺼릴 리 없다. 장비는 뜻이 맞는 동반자가 필요했을 뿐 부를 다툴 의도가 아니었다. 다만 유비가 솔직히 답한다면 관계의 우위는 장비에게 넘어간다. 한마디로 장비의 졸개 노릇이나 해야 하는 것이다.

대다수 사람은 자신이 불리한 상황에 놓이면 자기도 모르게 허세를 부리거나 거짓말이라도 해 우위에 서려 한다. 하지만 유비는 거짓말을 할 수 없었다. 유비와 장비는 모두 탁군 토박이였다. 처음 보는 사이지만 여기저기 물어보면 서로를 속속들이 알아낼 수 있었다. 얼굴에 철판을 깔고 거짓말을 한들 반나절 만에 들통나 낯을 들고 다닐 수 없을 것이다. 더구나 유비는 팔다 남은 짚신을 들고 있으니 이미 그의 생계 수단을 까발린 상황이었다. 부자가 돗자리 짜고 짚신을 삼아 팔 리가 없지 않은가?

그러나 유비는 쉽사리 무릎 꿇는 사람이 아니었다. 방을 본 순간, 그의 마음 깊은 곳에서는 야망이 타오르기 시작했다. 유비의 야망은 장비의 꿈과는 수준이 달랐다. 단순히 웅대한 것이 아니라 소름이 돋을 만큼 충격적이었다. 여기에 자기 힘이 미치지 못할까 늘 염려스러웠다. 이것이 장비가 오해한 그 '한숨'이 나온 진짜 이유다.

유비는 장비의 물음에 어떻게 답했을까? 또 그의 한숨은 무엇을 의미할까?

◈ **시련을 기회로 바꾸는 역경 극복 처세술**

오해는 이 세상을 굴러가게 하는 중요한 힘이다. 특히 자신이 한 말로 상대를 오해하도록 했다면 그에 상응하는 행동을 취해야 한다. 자신이 오해한 일로 판단이 바뀌고 반응이 바뀐다. 당연히 그 결과도 바뀐다. 만약 자신을 정의롭다고 오해하는 사람이 있다면 세상을 위해 정의로움을 실천할 기반을 마련한다.

올라가지 못할 나무는 없다

'마음은 차고 넘치지만 자기의 힘이 미치지 못할 때' 한숨이 나온다. 그렇다면 대체 무엇이 유비의 '차고도 넘치는 마음'에 불을 지피고 '힘이 미치지 못함'을 깨닫게 했을까?

인간의 인지적 고질병은 자기 관점에서 문제를 이해하고 해결하려 든다는 것이다. 황실의 뜻에 따라 천하에 내린 '황건적 토벌령'도 그러했다. 이 방은 장각의 대역무도함과 백성을 꾀어낸 죄를 꾸짖기 위해 붙인 것이나 엉뚱하게도 황건적을 널리 알리는 도구가 되었다. 황건의 봉기를 몰랐던 사람은 이 마을에 붙은 방으로 천하가 황건적의 발아래 놓였음을 알게 되었다. 게다가 통치 세력의 속박에서 벗어나 자신이 천하를 차지할 수 있음도 깨달았다.

이때 유비의 나이 스물넷이었다. 청춘의 피가 끓어오르며 풍파를 일으키고 싶은 나이였다. 탁현성에 나붙은 방은 유비가 감히 입 밖으로 꺼내지 못하고 속에 담아두었던 원대한 꿈에 불을 지폈다.

이러한 심경의 변화가 심리학에서 말하는 '점화 효과priming effect'이다. 이는 뉴욕대 심리학자 존 바그John Bargh가 주장해 학계에 이름을 떨쳤으나 잠재의식과 연관된 불가사의함 때문에 비판의 중심에 서기도 했다.

존 바그는 다음과 같은 실험을 진행했다. 먼저 학생들을 모아 뒤죽박죽 섞인 여러 단어를 문장으로 배열하라고 했다. 그가 제공한 단어들은 얼핏 보면 임의로 아무렇게나 고른 것 같았지만 사실상 치밀하게 구상한 결과였다. 문장 배열을 마친 학생들은 실험실을 나섰다. 이 순간부터 진짜 실험이 시작되었다. 복도에서 기다리고 있던 조수가 학생들이 복도를 통과한 시간을 초시계로 측정했다.

그 결과 '플로리다', '뜨개질한', '주름', '씁쓸한', '외로운' 같은 단어를 받은 학생들은 중립적인 단어를 받은 학생들보다 복도를 통과하는 데 더 많은 시간이 걸렸다.

평범한 단어가 어떻게 이런 놀라운 결과로 이어졌을까?

존 바그는 제공된 단어들은 피실험자의 잠재의식에서 나이가 지긋해 움직임이 느린 노인의 이미지를 불러왔다고 설명했다. 그래서 원래는 생기발랄하던 젊은 학생들이 그 영향을 받아 저도 모르게 노인 '흉내'를 낸 것이다.

존 바그는 잠재의식이 가진 불가사의한 힘에 경악했다. 그래서 이 실험이 학계에 미칠 파장을 염려해 무려 5년이나 발표를 미루었다. 그럼에도 회의적인 목소리가 줄을 이었다. 이처럼 점화 효과를 둘러싼 심리학계의 회의적 시각과 논쟁에서 알 수 있듯 이 심리 효과는 상당히 미묘하면서 불가사의하다.

장각과 황건의 봉기를 비난하는 데 쓰인 어휘는 존 바그의 실험에 등장하는 단어처럼 유비의 잠재의식에서 '웅대한 뜻을 품었으니 천하의 비난을 살지라도 홀로 서리라'는 영웅호걸의 이미지를 불러왔다.

그 시대에 평민이 입신양명하는 길은 '찰거효렴제察擧孝廉制'뿐이었다. 당시 뛰어난 품행과 높은 명망으로 지방관의 눈에 든 사람은 '효렴孝廉'으로 뽑혔다. 일단 효렴이 되면 출셋길이 열리는 셈이다. 그러나 효렴은 극히 적어 군국郡國의 인구 20만 명당 겨우 1명이 천거됐다. 원래는 좋은 뜻으로 도입한 제도였으나 후한 말에 이르러서는 폐단이 끊이지 않았다. 효렴의 객관적 선발 기준이 없어 점차 명문대가끼리 자제를 천거하는 도구로 전락하고 말았다. 유비 평생의 맞수였던 조조는 관료 집안 출신으로 일찌감치 효렴에 뽑혀 순조롭게 벼슬길에 올랐다. 겨우 스물이라는 나이에 낙양북부위洛陽北部尉라는 요직을 맡은 것이다. 그러나 평범한 백성이 효렴으로 뽑힐 리 만무했기에 유비는 불가했다.

훗날 후한영제는 재물을 긁어모아 향락을 즐기기 위해 대놓고 매관매직을 자행했다. 조조의 아버지 조숭曹嵩도 1억 전을 내고 태위太尉 자리에 올랐다. 이는 극히 적은 인원을 가려 뽑는 찰거효렴제 말고도 관직에 나아갈 길이 생겼음을 의미한다. 그러나 유비 형편에 매관매직할 돈을 어찌 마련할까! 이 또한 유비에게는 불가했다.

게다가 유비는 그저 그런 벼슬아치가 아닌 '황제'를 꿈꾸고 있었다. 이는 자칫 멸문지화를 불러올 수 있는 경악스러운 꿈이었다. 일개 백성이 황제가 되는 길은 반란을 일으켜 왕조를 무너뜨리는 것뿐 아닌가.

당시 통념에 따르면 조정은 하늘로부터 명(정당성)을 받아 천하를 다스렸다. 황제를 '천자'라고 부른 이유이다. 한왕조는 초대 황제 유방劉邦부터 광무제光武帝 유수劉秀에 이르기까지 자신들이 하늘의 명을 받은 천자라고 알렸다. 따라서 반란을 일으켜 하늘의 뜻을 거스르는 자는 천벌을 받고 필패한다고 했다.

그런데 장각은 영리하게도 '하늘의 뜻'으로 '하늘의 뜻'을 뒤엎는다고 공포했다.

한왕조가 처음부터 천하를 가졌던 것은 아니다. 한왕조는 자신이 정당한 통치자임을 증명하기 위해 전국시대 학자 추연鄒衍의 오덕종시론五德終始論을 끌어왔다. 그리고 왕조 교체에 관한 이론을 여러 번 고친 끝에 한왕조를 '화덕火德'으로 정했다.

이른바 '오덕五德'은 목木, 화火, 토土, 금金, 수水의 오행五行을 말한다. 오행은 다시 다섯 가지 색과 짝을 이루는데 청목靑木, 적화赤火, 황토黃土, 백금白金, 흑수黑水이다. 오행상극설五行相克說에 따르면 한왕조는 화의 덕으로 흥했기에 그 뒤를 이으려면 '화'에서 생겨난 '토'에 속해야 한다. '토'는 황색과 짝을 이룬다. 이를 안 장각은 신도들에게 머리에 누런 두건을 두르라 했다. 그리고 자신들을 '황건군黃巾軍'이라 불렀으며 이 구호를 외쳤다.

"푸른 하늘이 이미 죽었으니 마땅히 누런 하늘이 서리라!"

장각의 행동은 토의 덕으로 흥한 자신이 천하를 차지하는 것이 하늘의 뜻임을 만천하에 알리기 위함이었다. 이후 약 100년 동안, 한나라의 뒤를 이은 위魏나라의 조비曹丕(조조의 아들)는 황제의 자리에 오르며 연호를 '황초黃初'라 정했다. 손권孫權도 스스로 황제가 되어 '황무黃武'와 '황룡黃龍'을 연호로 썼다. 이처럼 군이 '황'자를 쓴 이유는 통치의 정당성을 알리기 위해서였다. '황'이 아니면 하늘의 뜻에 맞지 않고 천하를 손에 쥘 수 없기 때문이다.

위나라와 오나라는 수십 년 동안 애써 나라의 기틀을 다졌다. 그러나 정식으로 한나라의 뒤를 이어 새로운 황실을 세울 때는 '황'의 힘을 빌릴 수밖에 없었다.

유비는 장각을 떠올리며 오랫동안 고민한 '정통성' 문제를 단번에 해결했다. 마음의 짐을 내려놓자 야망과 패기가 샘솟았다. 더구나 이 방을 보니 유비의 잠재의식에서 한 가닥 희망이 싹텄다. 그러나 가혹한 현실은 유비의 사유를 이성적 의식으로 끌어올렸다.

유비와 장각은 일개 백성이라는 점은 같았으나 둘 사이를 가르는 큰 차이가 있었다. 바로 한 사람은 유씨이고 다른 사람은 장씨라는 점이다. 유비는 비천한 신분이었지만 황가의 피가 섞여 있었다. 유비는 후한영제 유굉劉宏과 같은 유씨로 한나라를 건국한 유방의 후손이었다. 한황실의 후손인 유비가 장각처럼 한왕조 타도를 외칠 수는 없는 노릇이었다. 오직 그에게 주어진 길은 황건군에 맞서는 것뿐이었다.

유비는 문득 '마음은 차고도 넘치는데 힘이 미치지 못함'에서 오는 무력감으로 긴 한숨이 터진 것이다. 그런데 유비는 어떻게 '황제'를 꿈꾸게 된 걸까?

◈ 시련을 기회로 바꾸는 역경 극복 처세술

잠재의식은 영혼의 문을 여는 유일한 열쇠다. 보이지 않는 것 같지만 자기의식에 존재하기에 스스로는 인지할 수 있다. 이는 결정적인 순간에 빛을 발하는데 자기 의지로 표출된다. 생각보다 큰 위력과 힘을 지니고 있기 때문에 이를 바탕으로 자기 영향력이 세상에 드러난다.

기대에서 가능성이 나온다

유비가 어린 시절에 겪은 기이하고 특별한 경험으로 거슬러 올라가 보자.

유비의 집 울타리 근처에 커다란 뽕나무 한 그루가 있었다. 나무의 생김새도 범상치 않았지만 수관樹冠이 커다란 우산 같이 생겨 멀리 보면 수레의 덮개처럼 보였다.

탁현의 유명한 풍수지리가 이정李定은 이 뽕나무를 보고 이 집에서 필시 귀인이 나올 것이라고 예언했다. 이 말은 적잖은 관심을 불러일으켰다. 그러나 가난한 유비네 사정을 아는 이웃들은 자연스레 그 말을 잊어갔다.

그 후 어느 날, 10대가 된 유비는 또래 친구들과 놀다가 이렇게 말했다.

"어른이 되면 나는 꼭 이 나무처럼 생긴 깃털로 장식된 덮개를 씌운 수레를 탈 거야!"

'깃털로 장식된 덮개를 씌운 수레'는 황제가 타는 수레를 말한다. 이때 유비는 기껏해서 시골 촌구석 소년이라 평범한 수레도 본 적이 드물 텐데 황제가 타는 수레를 어떻게 알았을까?

이를 두고 훗날 황제의 자리에 오른 유비의 어린 시절을 부각하려고 지어낸 미담이라는 설이 나왔다. 그러나 사실은 그렇지 않다.

유비는 몰랐을 수 있으나 그의 아버지는 알았다. 유비의 조부 유웅劉雄은 학식이 있는 사람이다. 그가 젊었을 때는 정치가 깨끗했던지라 효렴으로 천거되어 동군東郡 범현範縣의 현령을 지냈다. 유비의 아버지 유홍劉弘도 유웅보다는 못했으나 지방의 하급 관리를 지냈다.

앎이 깊을수록 번뇌도 깊은 법이다. 유홍은 자신의 빈곤한 살림살이를 마주하며 그 옛날 천지개벽을 이루고 한나라를 세운 선조 유방을 떠올렸다. 그러다 문득 탄식이 새어 나왔다.

"선조께서는 천자의 자리에 올라 천하를 발아래 두고 깃털 장식 덮개를 씌운 수레를 타고 사방을 둘러보셨다. 얼마나 위엄 있고 늠름해 보이셨을까!"

어렸던 유비는 아버지의 말뜻을 다 알아듣지 못했지만 태도와 말투에서 보이는 한없는 경모의 마음만은 절절히 느낄 수 있었다. 그때부터 '천자', '깃털 장식 덮개를 씌운 수레'는 소년의 마음에 존귀하고 영예로운 이미지로 깊이 각인되었다.

그런데 유비는 왜 또래 아이들과 노는 도중에 뜬금없이 이런 말을 한 걸까?

이는 외부의 자극을 받았을 때 유비의 심리적 방어기제가 무의식적으로 작용한 결과다.

심리적 방어기제는 좌절, 충돌 등 스트레스 상황에 직면했을 때 번뇌를 떨치고 불안감을 줄여 심리적 안정을 찾기 위한 의식적 또는 무의식적 행위다.

아버지를 일찍 여읜 유비는 또래와 어울리는 과정에서 자존심이 상하는 일을 겪을 수밖에 없어 심리적으로 불안정했다. 이런 '고아 의식'은 평생 유비를 따라다녔다. 훗날 천하를 누비며 끊임없이 강자들에게 몸을 의탁했다가 자립을 꿈꾸며 떠나기를 반복한 행동도 여기에서 비롯되었다.

업신여김을 당한 유비는 스트레스를 줄이고 마음의 안정을 찾기 위해 자신이 아는 존귀하고 영예로운 업적을 거론한다. 이러한 심리적 방어기제를 '공상空想'이라 한다. '공상'은 일시적으로 현실에서 벗어나 성공이나 업적을 상상하며 현실에서 겪는 좌절과 고통을 메우고 회복시켜 준다. 그러기에 감정적 괴로움을 누그러뜨리고 심리적 안정을 이루는 방어기제다.

유비는 훗날 황제가 되어 깃털 장식 덮개를 씌운 수레를 타고 곳곳을 둘러보는 자신을 상상했다. 만인지상에 오른 자신을 상상하며 현실에서 당하는 멸시와 모욕을 상쇄했던 것이다.

그렇지만 원래 이 말은 그저 입에서 나오는 대로 내뱉은 빈말에 지나지 않을 수 있었다. 유비와 어울렸던 아이들도 '깃털 장식 덮개를 씌운 수레'가 정확히 무엇인지 따질 리 없었다.

그런데 공교롭게도 마침 근처를 지나던 어른이 이 말을 듣고 소스라치게 놀랐다. 바로 유비의 숙부 유자경劉子敬이다. 유자경은 유비의 말뜻을 바로 알아들었다. 그가 듣기에 이 말은 구족이 멸문당할 대역무도한 죄였다. 공포에 질린 유자경은 본능적으로 유비를 집안으로 불러 호되게 꾸짖었다.

"네 이놈, 무슨 헛소리를 하는 것이냐! 우리 집안을 망하게 할 셈이냐!"

유자경은 다시는 그런 말을 입에 담지 못하도록 유비를 질책했다. 그러나 그의 지나친 반응에 유비는 오히려 마음을 굳혔다. 흥분이 가라앉자, 유자경은 풍수지리가 이정이 한 말이 떠올라 몹시 들떴다.

유비가 입에서 나오는 대로 한 말과 풍수지리가의 신기한 예언을 같이 생각하니 더욱 그럴싸하게 느껴졌다. 그때부터 유자경에게 유비는 평범한 어린아이가 아니라 '귀인'이 될 팔자를 타고난 사람이 되었다. 이후 유자경은 유비를 범상치 않은 아이로 여겨 각별히 아꼈다.

기대는 개인의 성장에 큰 영향을 미친다.

1960년대 심리학자 로버트 로젠탈Robert Rosenthal은 한 가지 실험을 진행했다. 그는 두 그룹의 학생에게 생쥐와 미로를 나눠주며 미로 찾기 훈련을 시키도록 했다. 첫 번째 그룹 학생들에게는 똑똑한 쥐를 나눠줬다고 하고, 두 번째 그룹 학생들에게는 평범한 쥐를 나눠줬다고 했다. 그런 다음 결과를 관찰해보니 첫 번째 그룹에서 훈련 시킨 생쥐가 두 번째 그룹의 생쥐보다 미로 찾기 능력이 훨씬 뛰어났다.

사실 이 쥐들은 임의로 나눈 것이지 지능의 차이는 없었다. 미로 찾기 능력의 차이를 불러온 것은 학생들이 각자의 생쥐에게 건 기대였다.

로젠탈은 이 실험의 결과가 사람에게도 적용될 거라고 판단했다.

로젠탈은 조수와 함께 샌프란시스코에 있는 초등학교를 찾아가 학생들의 지능을 검사하겠다고 했다. 그리고 며칠 후 교사를 찾아가 훗날 뛰어난 학술적 성과를 거둘 것으로 기대되는 아이들이라며 검사 결과에 따른 학생들 명단을 건네줬다. 물론 이 명단도 생쥐 실험에서와 마찬가지로 임의로 작성한 것이었다. 그로부터 8개월 후 로젠탈은 다시 학교를 찾아가 두 번째 지능검사를 실시했다. 그 결과 명단에 있던 학생들의 지능지수가 큰 폭으로 올라 있었다.

이 학생들에게는 첫 번째 지능검사 결과를 말해준 바가 없다. 그러나 사정을 알고 있는 교사들은 지난 8개월 동안 이 학생들에게 남다른 기대를 품었다.

교사들이 보인 태도의 변화는 어느새 학생들의 능력 향상으로 이어졌다. 기대의 힘은 이토록 크다.

로젠탈의 이 놀라운 발견은 '자기충족적 예언self_fulfilling prophecy'이라고 불린다. 예언이 만들어낸 사회적 기대와 사회적 압력이 결국 그 예언을 실현한다는 것이다.

유자경이 보인 확연한 태도의 변화에 유비의 기대는 더욱 굳어졌다. 그리하여 그냥 한번 뱉어본 말을 '천자의 수레를 타는 꿈', 즉 황제가 되는 꿈으로 바꿔 잠재의식에 새겨넣었다. 짙은 안개 속을 걷던 유비는 운명이 자신에게 부여한 역할과 사명을 찾았다. 유비가 훗날 숱한 고난을 겪으면서도 끝내 포기하지 않은 이유도 이 때문이다.

유비의 또 다른 숙부 유원기劉元起는 자초지종을 듣고 유비가 '귀인'이 되기 전에 그의 '귀인'이 되어주었다.

형편이 넉넉했던 유원기는 유비를 적극적으로 지원했다. 이에 유원기의 아내가 불만을 쏟아냈다.

"각자 자신의 삶을 살아야지, 어째서 그 아이를 늘 도와주시는 겁니까?"

유원기는 아내의 불만을 이렇게 일축했다.

"당신이 뭘 안다고 그러시오! 이 아이는 보통 아이가 아니오. 우리 유씨 집안의 앞날을 밝힐 아이란 말이오!"

아버지를 일찍 여읜 유비에게 이 두 숙부의 관심과 애정은 하늘이 내려준 선물과 같았다. 아버지의 '부재'가 미치는 부정적인 영향도 줄여주었다. 아직 어렸지만 유자경과 유원기의 눈에는 더없이 '귀한' 생쥐였다. 그렇게 유자경은 유비의 정신적 지주가 되었고 유원기는 물질적 지주가 되었다. 두 사람은 어린 유비가 바르게 성장하도록 이끌었다. 또 유비에게 '나는 귀인이므로 하늘의 도움을 받을 것'이라는 생각을 잠재의식에 새기게 했다.

유비가 열다섯 살이 되자, 두 숙부는 찬란한 그의 미래를 위해 학문을 닦아야 한다고 판단했다. 때마침 탁현 출신의 유학자 노식盧植이 구강九江 태수직에서 물러난 뒤, 요양차 고향으로 돌아와 후학을 양성하고 있었다. 이에 유원기는 자기 아들 유덕연劉德然과 유비의 학비를 대고 노식의 문하로 보내 학문을 닦게 했다.

어려서 아버지를 잃고 제대로 가르침을 받지 못해 공부 습관을 들이지 못한 유비는 학문에 뜻이 없었다. 그러나 노식의 가르침으로 우물 안 개구리를 벗어나 넓은 세상을 볼 줄 알게 되었다. 이때 노식의 문하에서 유비는 요서군遼西郡에서 온 공손찬公孫瓚과 친해졌다.

하지만 노식의 병이 나아 다시 여강廬江 태수로 부임하면서 유비도 1년 만에 학업을 그만두어야 했다. 결국 유비는 스승과 친구들에게 작별을 고하고 집으로 돌아갔다.

이후 10년, 꿈을 향한 마음은 여전했지만 그를 둘러싼 현실은 냉혹했다. 유비는 홀어머니와 함께 돗자리를 짜고 짚신을 삼아 생계를 이어갔다. 현실과 꿈 사이의 엄청난 간극에 유비는 낙담하다 못해 미래에 대한 기대를 접으려 했다.

그런데 황건군이 봉기하면서 성문에 내걸린 황건적 토벌령이 다시금 유비의 야심에 불을 지폈다. 하지만 오랜 세월 억눌린 데다 척박한 현실을 아는 까닭에 긴 한숨을 절로 나온 것이다.

◈ 시련을 기회로 바꾸는 역경 극복 처세술

기대는 무를 유로 바꿀 수 있다. 자신에게 거는 기대는 타인이 해 줄 수도 있고 스스로 응원하며 동기부여를 만들어 낼 수도 있다. 가능성을 높이는 길이며 행동의 동력을 생성하는 무형의 에너지이다. 그러므로 어떤 일에 '기대'를 거는 것만으로도 성공 확률을 높아진다.

자신의 역할을 담당할 마음가짐이 필요하다

한숨은 대화의 물꼬를 트는 역할을 했지만 자괴감도 불러왔다. 유비는 마음을 가라앉히고 침착하게 답했다.

"나는 본래 한실 종친으로 성은 유, 이름은 비, 자는 현덕이오. 지금 황건적이 난을 일으켜 각 고을에서 노략질하고 있다는데 중원을 깨끗이 쓸어 사직을 바로잡고 싶으나 힘이 미치지 못함이 한스럽소."

'한실 종친'이라고! 이 네 글자는 유비의 신분을 단숨에 황제와 가까운 위치로 끌어올리고 황실의 후광을 덧씌웠다.

유방이 한나라를 세운 지도 400년이 흘렀다. 그동안 유씨는 많은 자손을 낳아 널리 퍼뜨렸는데 극소수만이 귀족 신분을 유지했을 뿐 나머지는 일반 백성으로 전락했다. 유비처럼 성이 '유'씨인 사람은 발에 채는 돌멩이만큼 흔했다. 이렇게 몰락한 유씨 가문 사람을(심지어 유씨 자신들마저) 사람들은 고귀한 황족으로 대우하지 않았다. 형주목 유표劉表, 익주목 유언劉焉(유장의 아버지)처럼 여전히 높은 자리에 있는 운 좋은 이들은 애초에 '한실 종친'이라는 말을 입에 올릴 필요가 없었다.

유비가 장비의 물음에 답하려고 꺼내든 '한실 종친' 카드는 '현저성 효과salience effect'를 끌어냈다. 자신과 어떤 무리가 보편적으로 가지고 있거나 공유하는 자원이 있다고 했을 때, 이를 '내'가 먼저 나서 관계성을 설정하면 그것을 독점하고 있다는 인지적 오류를 일으킨다. 이 전략은 오늘날 광고 마케팅에서 널리 쓰이며 놀라운 성과를 거뒀다. 맨 처음 이 전략을 쓴 사람은 현대 광고의 창시자로 불리는 천재 카피라이터 클로드 홉킨스Claude Hopkins다.

20세기 초, 홉킨스는 슐리츠 맥주 광고 문구를 제작한다. '고온으로 소독한 맥주병'이라고 홍보하자 슐리츠 맥주 판매량은 단숨에 5위에서 1위로 뛰어올랐다. 그런데 알고 보면 다른 업체들도 똑같이 맥주병을 고온으로 소독했다.

이렇게 '현저성 효과'는 간단하면서도 놀라운 효과를 낸다.

유비는 홉킨스보다 무려 1800년이나 앞서 현저성 효과를 봤다.

현저성 효과가 통하는 이유는 인류가 진화 과정에서 깊이 생각하지 않는 신속한 인지 능력을 발전시켰기 때문이다. 그로 인해 사람은 심사숙고 끝에 결론을 내리기보다 빠르게 판단하는 경향이 있다.

물론 유비의 말이 거짓은 아니었다. 그의 몸속에는 분명 유씨의 피가 흐른다. 다만 그는 '나는 한실 종친이다'라고 하지 않고 '나는 본래 한실 종친이었다'라고 했다. 단 몇 글자 차이였지만 혹시 모를 장비의 의심을 벗어나려는 작전이었다.

'나는 본래 한실 종친'이라는 말은 그냥 '한실 종친'이라는 뜻도 되지만 '본래 한실 종친이었으나 지금은 아니다'라는 뜻도 되기 때문이다.

유비처럼 평민으로 전락한 한실 종친은 헤아릴 수 없이 많았다. 하지만 그 많은 사람 중 스스로 '귀족'이라는 이름표를 붙인 사람은 유비가 처음이다. 이로써 유비는 스스로 가치를 대폭 끌어올렸고 그 영향으로 장비도 유비를 높이 평가하게 되었다.

이런 유비의 임기응변을 보면 결코 남에게 굽히지 않으려는 오만함도 읽힌다. 이것이야말로 평범한 유비가 가진 귀중한 자질이었다.

그 뒤에 이어진 말은 유비 스스로 만든 새 신분에 어울리는 말이면서 장비의 물음에 대한 훌륭한 답이다.

장비는 유비의 말에 몹시 기뻤다. '현저성 효과'에 넘어간 장비는 진심으로 청한다.

"이 사람의 뜻과 같구려. 내 집에 논밭을 맡아 관리하는 장객庄客이 여럿 있으니 함께 큰일을 도모해 봄이 어떻겠소?"

유비는 장비와 함께 길가의 술집에 들어가 이야기를 나누었다. 장비가 눈 뜨고 코 베일만큼 머저리는 아니었지만 부유했어도 신분은 낮았다. 어찌 되었건 사회 구조상 그저 그런 부자보다 귀족의 사회적 신분이 더 높았다. 심지어 장비는 황실의 성씨를 몹시 흠모했다. 유비는 '황실 종친'이라는 한마디로 장비의 마음을 사로잡았다. 이후에도 유비는 '한실 종친'이라는 이 이름뿐인 감투를 시시때때로 알차게 써먹는다.

유비와 장비가 한참 이야기를 나누고 있는데 한 거한이 수레를 끌고 나타났다. 그는 심부름꾼을 불렀다.

"어서 술을 내오너라. 서둘러 군에 들어가야 하니 내 큰일을 그르치지 마라."

마침 그 문제를 논의하던 터라 신경이 곤두서있던 유비와 장비는 거한에게 고개를 돌렸다. 거기에는 장비보다도 기골이 장대한 사내가 있었다. 얼굴은 잘 익은 대추처럼 붉고 입술은 연지를 바른 듯했다. 눈은 길게 찢어져 봉황처럼 꼬리가 올라갔고 눈썹은 누운 누에처럼 굵었다. 턱 아래로 긴 수염을 늘어뜨린 모습이 늠름하고 위풍당당하기 그지없었다. 교분을 쌓고 싶은 마음에 유비는 곧장 합석을 청했다.

유비의 의도는 분명했다. 거한이 군에 들어간다고 하니 든든한 동지를 한 명 더 만들 생각이었다. 유비가 이름을 묻자 거한이 대답했다.

"내 성은 관, 이름은 우, 자는 운장이고 하동河東 해량解良 사람이오. 고향에 악질 토호가 권세를 믿고 사람을 능멸하는 까닭에 그를 죽이고 강호로 피한 지 어언 5~6년이 되었소. 관에서 황건적을 토벌할 의병을 모집한다기에 군에 들어가 볼 생각으로 찾아왔소."

이날 유비는 참으로 운이 좋았다. 하나같이 생각하는 바를 곧이곧대로 말하는 사람들만 만난 것이다. 그렇다면 관우는 왜 처음 보는 사람들에게 사람을 죽인 일과 강호를 떠돌았던 일을 거리낌 없이 말했을까?

사실 관우의 행동도 장비와 마찬가지로 처음 맺는 인간관계에서 유리한 고지를 차지하고자 함이었다. 장비가 재력을 과시했다면 관우는 뛰어난 무위를 과시해 자신을 얕보지 못하게 하고자 했다.

유비가 입을 떼기도 전에 성질 급한 장비가 먼저 말했다.

"이분은 한실 종친으로 성은 유, 이름은 비, 자는 현덕이시오. 나는 장비, 장익덕이오. 우리도 황건적을 토벌하러 군에 들어가려고 하는데 함께 가는 게 어떻겠소?"

이번에도 '한실 종친'이 큰 역할을 해 관우도 흔쾌히 무리에 끼기로 한다. 의기투합한 세 사람은 곧장 장비 집으로 가서 큰일을 도모한다.

유비, 관우, 장비가 한 팀이 된 과정은 이러했다. 그렇다면 팀의 리더는 누가 맡아야 할까?

대부분 유비가 큰형에 어울린다고 생각한다. 그가 연장자이기 때문이다. 물론 나이가 서열을 결정하는 데 큰 영향을 미치는 것은 맞지만 다른 요소도 많다.

자발적으로 만든 단체의 리더는 대개 구성원의 자원과 자질을 비교한 결과로 정해진다. 그렇다면 유비, 관우, 장비의 자원과 자질을 세세히 뜯어보자.

먼저 재력을 살펴보자. 유비는 찢어지게 가난했고 관우는 강호를 떠도는 신세였으나 장비는 장원에 논밭까지 소유했다. 집이 있으니 돌아갈 집도 없는 관우에 비하면 유비가 좀 더 사정이 나은 편이다. 결론을 내리자면 장비가 1위, 유비가 2위, 관우가 3위였다.

다음으로 학식을 살펴보자. 유비는 겨우 1년 남짓 학문을 익혔지만 그나마도 즐기지 않았다. 관우는 이리저리 떠도는 신세였음에도 평소에 《춘추좌씨전春秋左氏傳》을 즐겨 읽었다. 장비는 형편이 넉넉해 원하는 만큼 배움을 이어갈 수 있었다. 게다가 예술적 재능을 타고나 초서草書와 사녀도仕女圖에도 매우 조예가 깊었다. 따라서 이번에도 장비가 1위였고 2위는 관우, 유비는 3위였다.

이번에는 무공을 비교해 보자. 관우와 장비는 둘 다 무공이 고강해 우열을 가리기 힘들었다. 그러므로 공동 1위, 셋 중 가장 약한 유비는 꼴찌였다.

마지막으로 키를 비교해 보자. 진화심리학의 연구에 따르면 남녀를 가리지 않고 키가 큰 사람이 더 뛰어난 업무 능력을 보여 조직의 리더가 될 확률이 높다. 예를 들어 1928년부터 2008년까지 치러진 21번의 미국 대통령 선거에서 키가 더 큰 후보자가 당선된 횟수가 17번이었다. 그 확률이 무려 81%다.

유비, 관우, 장비의 키는 각각 7척 5촌, 9척 5촌, 8척이었다. 한나라 때 1척은 지금으로 치면 약 24센티이므로 유비, 관우, 장비는 각각 180센티, 228센티, 190센티이다. 셋 다 큰 편이었으나 굳이 순위를 정하자면 관우가 1위, 장비가 2위, 유비가 3위였다.

위의 모든 결과를 놓고 봤을 때, 셋 중에서 큰형의 자격이 있는 사람은 유비가 아니라 장비였다. 그런데 왜 유비가 맏이가 되었을까? 이는 '한실 종친'이라는 '현저성 효과'의 힘이다.

관우와 장비는 유비의 족보를 세세히 따지는 대신 그의 주장을 아무런 의심 없이 받아들였다. '현저성 효과'에 넘어가 인지적 오류에 빠졌기 때문이다.

관우와 장비처럼 적수가 드문 사람은 남 밑에 드는 것을 달가워하지 않는다. 이 점은 이후 두 사람이 다른 사람들을 대하는 것을 보면 알 수 있다.

만약 '한실 종친'이 아니었다면 유비가 이 두 사람을 아우로 둘 일이 없었을 것이다. 또 사람을 신뢰하는 당시 사회적 분위기도 한몫했다. 유비의 말을 그대로 믿었고 유비의 족보를 따질 생각은 추호도 하지 않았다.

신분에 따른 차별에 이골이 난 장비와 관우는 유비와 함께 천하를 누비며 '한실 종친' 덕을 좀 본다면 입신양명이 어렵지 않을 터였다. 장비는 덕을 볼 명분을 제대로 만들기 위해 한 가지를 제안한다.

"우리 집 뒤편에 복숭아밭이 있소. 그곳에서 말과 소를 잡아 하늘과 땅에 제사를 지내고 우리 셋이 생사지교를 맺음이 어떻겠소?"

아직도 장비를 두고 용맹하되 어리석다고 평하는 사람이 있을까?

장비의 제안은 가히 유비와 관우를 전율케 했다. 장비가 내놓은 이 제안은 이후 수십 년 동안 엄청난 영향을 미쳤다. 유비, 관우, 장비의 행동 기준을 정했을 뿐만 아니라 세 사람의 노력과 분투로 역사의 흐름까지 바꿔놓았다.

◈ 시련을 기회로 바꾸는 역경 극복 처세술

자신이 가진 게 없음을 한탄하지 말고 가지고 있되 관심 밖이었던 것을 찾아내라. 당신은 분명 자신이 믿는 능력보다 훨씬 큰 재능과 역량을 가졌다. 그럼에도 부족한 부분만 애써 주시하며 스스로 실망하지 마라. 도전하며 자기 능력을 시험해보는 게 낫다.

뚜렷한 신념이 리더십이다

장비는 장객을 시켜 제사에 쓸 물건을 준비했다. 유비, 관우, 장비는 복숭아밭에서 천지신명께 기도를 올리고 향을 사르며 의형제를 맺었다. 세 사람은 한목소리로 맹세했다.

"유비, 관우, 장비는 비록 성은 다를지라도 이미 형제가 되기로 결의하였습니다. 한마음으로 힘을 합쳐 어려울 때 구해주고 위태로울 때 도와주며 위로는 나라에 보답하고 아래로는 백성을 안정시키려 합니다. 한날한시에 태어나기를 바랄 수는 없었으나 한날한시에 죽기를 바라옵니다. 천지신명이시여! 이 마음을 살피시어 의리를 배신하고 은혜를 잊으면 하늘과 사람이 함께 죽여주십시오!"

이 결의는 '계약에 의한 혈연관계'를 탄생시켰다. 이후 세 사람은 서로를 형제라 부르며 도리를 다했다. 이것이 바로 '도원결의'다. 세 사람이 서언에서 쓴 "한날한시에 태어나기를 바랄 수는 없었으나 한날한시에 죽기를 바란다."라는 말은 후대에 의형제를 맺는 이들도 꼭 쓰는 표현이 되었다.

사교성이 좋은 사람은 친한 사람을 부를 때 형제자매의 호칭을 쓰는 경우가 많다. 여기에는 그럴만한 이유가 있다. 진화심리학의 관점에서 보면, 형제자매 등 혈연관계의 친족은 본능적으로 가깝게 지내고 서로 도와준다. 이런 본능은 서로를 부르는 호칭에서 잘 드러난다.

'형님'이니 '아우'니 하는 호칭은 혈연의식을 일깨워 서로의 거리를 줄이고 친밀한 관계를 형성시킨다. 이것이 '친족 호칭 효과'다. 실제로 혈연관계가 아닌 사람도 친족어로 부르면 이런 본능적인 반응을 보인다.

유비, 관우, 장비가 의형제를 맺으면서 성대한 의식을 거행하지 않았더라도 나이에 따라 서로를 형과 아우로 부르면 친족 호칭 효과를 볼 수도 있었다. 그렇다면 굳이 이 결의 의식은 필요했을까?

그렇다. 첫째, 의식은 단순히 보여주기 위한 것이 아니다. 제의祭儀는 계약의 구속력을 강화한다. 유비, 관우, 장비뿐만 아니라 하늘과 땅도 이 결의 의식에 함께했다. 천지신명에게 제사 지내는 것은 가장 권위 있는 존재인 하늘과 땅에 증인을 서달라고 청한 것이다.

둘째, 서언은 일종의 계약으로 계약자의 책임과 의무를 명시한다. 말로만 형제라고 떠들어대는 사이는 위험에 빠지거나 이해가 부딪치면 각자의 이익을 좇는다. 유비, 관우, 장비는 "어려울 때 구해주고 위태로울 때 도와주며, 위로는 나라에 보답하고 아래로는 백성을 안정시키겠다."라고 분명히 맹세했다. 이는 세 사람의 정서적 유대를 더 끈끈하게 만들어준다. 심지어 세 사람은 미래의 궁극적인 사명까지 맹세했다. 모두가 한마음 한뜻을 가진 관계는 오랫동안 친밀감을 유지할 가능성이 크다.

유비, 관우, 장비는 우연한 만남을 계기로 한패가 되었으며 성대하고 공개적인 결의 의식을 통해 결속력을 다졌다. 이리하여 세 사람은 떼려야 뗄 수 없는 긴밀한 관계가 되었다.

의식을 마친 뒤 유비를 부르는 관우와 장비의 '형님' 소리에는 마치 자신들도 '한실 종친'이 된 듯한 친밀함이 가득했다. 반면 유비의 마음은 무겁기만 했다. 자신이 가진 '한실 종친'이라는 패가 그들의 기대만큼 대단치 않음을 누구보다 잘 알고 있었기 때문이다. 나중에 진상을 알게 된 관우와 장비가 분노를 넘어 증오하게 되진 않을까?

기쁨과 근심이 뒤섞인 복잡한 심경의 유비와 달리 관우와 장비는 열정이 타올랐다.

관우와 장비의 열정은 '의기투합'이 일으킨 효과다. 뜻이 같은 사람들이 모여 무리를 이루면 그들이 가진 뜻은 더 단단해지고 극단적으로 흐른다. 이를 '집단 극화group polarization'라고 한다. 장비와 관우는 원래 각자 참군할 생각이었지만 이제는 더 많은 동료를 모아 큰일을 도모할 수 있게 되었다.

장비는 복숭아밭에서 큰 잔치를 열고 마을의 호걸들을 모았다. 소식이 전해지자 일 벌이기 좋아하는 젊은이들이 제 발로 찾아와 합류했다. 그리하여 며칠 만에 300여 명이 모였다.

유비, 관우, 장비는 이 숫자에 놀라는 한편 의아함을 느꼈다. 하지만 인간의 뿌리 깊은 군중심리를 이해하면 300명 정도 모이는 것은 별것 아님을 알게 된다.

생물학자 젠스 크라우스Jens krause는 20년 동안 각종 동물과 무리의 군중 행동을 연구했다. 어느 날, 독일의 방송국에서 인간의 집단적 행동을 파헤쳐 달라며 크라우스를 초청했다. 크라우스는 연구팀을 이끌고 독일 쾰른으로 가 실험참가자 200명을 모집했다.

실험참가자들은 8,400제곱미터 크기의 홀로 안내받았다. 이

들은 서로 커뮤니케이션하지 않는다는 전제하에서 홀 안을 마음대로 돌아다닐 수 있었다. 단, 두 가지 간단한 규칙을 지켜야 했다. 하나는 평소에 걷는 속도로 빠르지도 느리지도 않게 걷는 것이고, 다른 하나는 다른 사람과 팔 하나만큼 거리를 유지하는 것이었다.

크라우스는 실험참가자들이 걷는 모습을 비디오로 찍어 분석한 끝에 규칙을 발견했다. 처음 얼마간은 각자 원하는 대로 걷던 사람들이 점점 두 개의 동심원을 이루었다. 한번 동심원을 이룬 사람들은 홀 안을 아무렇게나 걷는 대신 한 방향으로만 걸었다.

이 규칙은 실험을 거듭하면서 반복적으로 증명되었다.

이어서 크라우스는 바닥에 부호 몇 개를 그려놓고 일부 실험참가자에게 부호가 있는 방향으로 걸을 것을 요청했다. 물론 처음에 정했던 두 가지 규칙은 여전히 유효했다. 특별 요청을 받은 사람들은 자신들 말고도 똑같은 요청을 받은 사람이 더 있다는 사실을 몰랐다.

그 결과 명확한 목표를 향해 움직이는 사람의 비율이 5%가 되자 전체 참가자가 자기도 모르게 그들과 같은 방향으로 걷기 시작했다. 크라우스는 이 실험으로 '다수가 소수에 복종'하는 '5% 리더의 법칙'을 발견했다. 즉, 소수가 명확한 목표를 가지고 행동하면 이를 공개적으로 밝히지 않더라도 어느덧 목표가 없는 다수에게 영향을 끼쳐 리더가 되는 것이다.

유비, 관우, 장비는 300명 중 1%밖에 되지 않았다. 하지만 유비가 '한실 종친'으로 "황건적을 토벌하고 나라에 보답하자."라고 외치며 엄청난 파장을 일으키기에 충분했다. 중요한 것은 유비, 관우, 장비가 추구하는 목표가 아니라 그들의 '행위' 그 자체였다. 유비, 관우, 장비가 '황건적 토벌'이 아니라 '황건적 추종'을 외치며 조정에 맞섰더라도 300명을 끌어들일 수 있었을 것이다. 군중심리는 맹목적인 경우가 많다. 그중 절대다수는 생이 끝나는 순간까지도 자신이 어디로 가고 있는지 모른다. 프랑스의 사회심리학자 귀스타브 르 봉Gustave Le Bon이 군중을 '무지한 오합지졸'이라고 부른 이유이다.

물론 선입관에 사로잡힌 관우와 장비의 생각은 달랐다. 이렇게 많은 사람이 모인 것은 다 '한실 종친'인 유비 덕이라 여겼다. 이쯤 되자 유비도 불안감을 덜고 하늘이 자신을 보살핀다고 믿기 시작한다.

유비, 관우, 장비는 무기, 갑옷, 말 등 참군參軍에 필요한 물품을 마련했다. 가난뱅이인 유비와 관우에게 돈이 있을 턱이 없었으니 모든 돈은 장비의 주머니에서 나왔다. 그러나 아무리 형편이 넉넉해도 혼자 힘으로 다 마련하기에는 역부족이었다. 이때 하늘에서 동아줄이 내려왔다. 누군가 달려와 이르길 상인 두 사람이 말 떼를 몰고 왔다고 했다.

그 말을 듣자마자 유비는 "하늘이 우리를 돕는구나!"라고 외쳤다. 우습게도 이때 유비는 두 사람이 찾아온 까닭을 몰랐다. 그런데도 이렇게 단정한 까닭은 잇달아 찾아온 행운에 득의양양해진 유비가 이미 자신을 '하늘의 총아'로 여기고 있었기 때문이다.

이들은 기주 중산군中山郡의 대상인 장세평張世平과 소쌍蘇雙이었다. 두 사람은 유주 북쪽의 선비족 마을에서 말을 사들여 기주에 파는 일을 해왔다. 기주는 유주의 남쪽에 자리해 있는데 기주로 돌아가려면 반드시 유주를 거쳐야 했다. 말 떼를 몰고 탁현에 닿은 두 사람은 조정에서 황건적을 토벌할 의병을 모집한다는 소식을 전해 들었다.

그런데 왜 유비, 관우, 장비를 찾아온 걸까?

장사꾼이라면 모름지기 이해득실을 잘 따진다. 장세평과 소쌍은 전쟁이 벌어지면 장사는 글렀음을 잘 알고 있었다. 황건적이든 관군이든 말들을 강제로 빼앗아 갈 게 분명했다. 어차피 적자를 피할 수 없다면 손해를 입기 전에 뭐라도 거둬들여야 하지 않을까? 이런 고민을 하던 차에 유비, 관우, 장비에 관한 떠들썩한 소문을 접했다. 그들은 말들을 유비, 관우, 장비에게 투자하기로 정하고 달려온 것이다. 어쩌면 훗날 투자 수익을 챙길 수 있을지 모른다. 그게 얼마이든 아예 다 뺏겨 아무것도 손에 쥐지 못하는 것보다는 나을 거라 판단했다.

◈ 시련을 기회로 바꾸는 역경 극복 처세술

리더가 되기는 굉장히 쉽다. 자신을 먼저 리드하면 된다. 자신을 리드하지 못하면서 타인을 이끌려 한다면 절대 성공하지 못한다. 자기가 세운 계획대로 실천해가면서 여러 상황과 애로점을 인지하고 경험을 축적해야 한다. 그래야만 상대의 마음을 얻고 지지를 끌어낼 수 있다.

인맥을 이어가고 싶다면 자주 만나야 한다

유비는 장세평과 소쌍을 정성껏 대접했다. 그 자리에서 유비는 '한실 종친'으로서 백성을 해하는 무리를 없애겠다고 당당히 외쳤다. 이때 유비의 처지를 생각하면 주제넘은 말이다. 그러나 사람은 시원시원한 언사에 홀리게 마련이다. 투자심리에 불이 붙은 장세평과 소쌍은 그 자리에서 말 50필 외에 금과 은 각 500냥과 철 1,000근을 바쳤다.

유비, 관우, 장비는 크게 기뻐하며 곧 솜씨 좋은 대장장이에게 병기와 갑주甲胄를 만들게 했다. 유비는 자신이 쓸 쌍고검을 만들었고, 관우는 82근짜리 청룡언월도, 장비는 장팔사모를 만들었다.

모든 준비를 마친 뒤, 다시 모인 인원을 점검한 유비는 200명이 더 늘었음을 알게 된다. 한껏 고무된 유비는 저도 모르게 오랜 세월 마음에 간직한 비밀을 두 아우에게 털어놓았다. 이에 두 사람은 자신들이 유비를 제대로 봤다는 확신이 들어 의욕이 솟구쳤다.

유비는 용사들을 모두 이끌고 위풍당당하게 교위校尉 추정鄒靖을 만나러 갔다. 그동안 추정은 의병을 모집하는 방을 내건 뒤, 참군을 희망하는 개인을 띄엄띄엄 받고 있었다. 그런데 이처럼 500명이나 되는 사람이 군장을 완벽하게 갖추고 찾아온 경우는 극히 드물었다. 심지어 무리를 이끄는 자가 '한실 종친'이었다. 추정은 매우 기뻐하며 곧 유비, 관우, 장비를 유주자사 유우劉虞에게 데려갔다.

이에 낯빛이 달라진 유비는 안절부절못했다.

왜 그랬을까?

이번에도 '한실 종친'이 원인이었다.

유우도 유씨였다. 그뿐만 아니라 유우는 명실상부한 '한실 종친'이었다.

모르는 사람 앞에서는 '나는 본래 한실 종친'이라고 태연한 척 말할 수 있지만 유우 앞에서는 자신이 없었다. 그러나 유비는 물러설 곳이 없었다. 이는 반드시 넘어야 하는 난관이었다. 이 난관을 넘지 못하면 유비가 가진 유일한 자원이 사라지기 때문이다.

유비는 내키지 않는 걸음으로 관우와 장비를 데리고 유우를 만나러 갔다.

그런데 유비의 걱정이 무색하게 유우는 유비의 신분을 듣고 흔쾌히 그를 받아들였다. 심지어 두 사람의 나이 차를 고려하면 얼추 조카뻘이라며 유비를 조카의 예로 대하기까지 했다.

유비로서는 횡재나 다름없었다. 유우가 인정해 준 덕분에 진짜 '한실 종친'이 된 것이다. 이로써 유비는 한실 종친의 '정품' 마크를 달았다.

그러나 세상에 손해 없이 이득만 보는 일이 어디 있겠는가? 유비는 '한실 종친'으로서 온갖 혜택을 누리는 한편, 보이지 않는 멍에를 짊어진다. 이는 훗날 중대한 결정을 내릴 때마다 유비의 손발을 묶는 족쇄가 되었다.

유비는 어떻게 유우라는 난관을 넘고 그의 인정과 지지를 얻어냈을까?

이는 소통 과정에서 흔히 보이는 '인지 비대칭' 덕분이다. 사람은 소통 과정에서 필요에 따른 선택성을 보이는데, 사람의 관심사는 서로 다르다.

'소인의 마음으로 군자의 마음을 가늠'하기도 하지만 '군자의 마음으로 소인의 마음을 가늠'하기도 한다.

유비는 유우가 자신을 믿을 것인가에 온 신경이 쏠려 있었다. 반면 유우는 유비가 무장한 군사를 500명이나 데려온 점에 주목했다. 그 덕분에 급한 불을 끈 유우는 몹시 흡족했다. 게다가 한나라 황실에 대한 유비의 충심은 그 신분에 딱 들어맞았다. 유우로서는 유비를 의심할 까닭이 없었다.

'인지 비대칭' 덕분에 두 사람의 관심사가 어긋나면서 유비는 운 좋게 위기에서 벗어났다.

유우는 유비를 수하로 들이면서 말했다.

"그대가 공을 세우기만 한다면 내 반드시 크게 쓸 것이다!"

유비는 안도의 숨을 내쉬었다. 이로써 그의 황위를 향한 험난한 여정이 시작된다. 첫걸음치고는 나쁘지 않았다. 잇달아 찾아온 행운에 자신감이 오른 유비는 탄탄대로가 펼쳐질 것만 같았다. 하지만 삶은 타고난 사기꾼이다. 처음에는 달콤한 과실로 꾀어 발을 담그게 한 뒤, 산전수전 고난으로 처박는다. 온갖 고초를 겪고 만신창이가 되도록 물러설 수 없는 상황에 내몰리게 만드는 것이다.

이때는 유비 인생에서 '순풍에 돛을 단' 시기였다. 하늘은 짧지만 달콤한 이 시기를 유비가 마음껏 누리게 두었다. 유비는 수많은 굴곡과 고난, 좌절과 시련이 그를 기다리고 있는 줄 꿈에도 몰랐다.

이후 유비는 군사들을 이끌고 청주를 포위 공격하는 황건적을 무찔렀다. 그맘때쯤, 유비는 자신의 은사 노식이 조정의 명을 받아 기주 황건적 진압군의 수장으로 왔음을 알게 된다. 유비는 감개무량하여 관우와 장비에게 말했다.

"만약 하찮은 공이라도 세우지 못한다면 무슨 낯으로 전장에서 스승님을 뵙겠느냐!"

지난날 노식 문하에 있을 때, 유비는 공부를 게을리한 탓에 천거를 받지 못했다. 그 결과 유비는 수년간 집에서 허송세월했다. 유비는 이 기회를 결코 놓쳐서는 안 됨을 절실히 느끼고 있었다.

유비, 관우, 장비는 몸을 사리지 않고 적진 깊숙이 파고들며 잇달아 큰 공을 세웠다. 생사를 함께하는 전투를 치르며 삼형제의 정도 날로 깊어졌다.

유비의 활약에 노식은 크게 기뻐하며 황건적을 토벌하고 나면 책임지고 그를 천거하겠다고 했다. 이에 유비는 기쁨을 감추지 못했다. 노식이 뒷배가 되어주면 출셋길이 활짝 열릴 것이다. 이처럼 유비가 꿈에 부풀어 있을 때 뜻밖의 사건이 일어났다.

노식은 장각이 있는 광종성廣宗城을 포위한 채 대치하고 있었다. 이때 후한영제가 보낸 환관 좌풍左豊이 군사들을 위로하고 감찰하러 왔다. 당시 후한영제는 장양張讓, 조충趙忠 등 십상시十常侍라 불리는 10명의 환관을 무척 총애했다. 따라서 환관들의 권세는 조정 안팎을 뒤흔들 만큼 대단했다. 좌풍은 십상시에 끼지는 못했으나 황제의 명으로 순행을 나온 것이었기에 기고만장했다.

타고난 성품이 충직한 노식은 환관이 권세를 쥐락펴락하는 것에 불만을 품어왔다. 그런데 이 환관 좌풍이 대놓고 뇌물을 요구하는 것 아닌가. 이에 노한 노식은 벌컥 성을 냈다.

"군비도 부족하거늘 천자의 사자에게 바칠 돈이 어디 있단 말이오!"

생각지도 못한 거절에 화가 난 좌풍은 앙심을 품고 돌아가 영제 앞에서 노식을 헐뜯었다.

"광종은 작은 성이라 금방 무너뜨릴 수 있습니다. 그런데도 노중랑장이 미온적이고 태만하게 대처하여 군사를 움직이지 않은 까닭에 황건적이 지금까지도 창궐하고 있사옵니다."

좌풍의 말에 속아 넘어간 후한영제는 홧김에 노식을 파직하고 수도로 압송하라 명했다. 대신 전장에는 다른 지휘관을 파견했다. 노식이 실각하면서 유비는 갑자기 기댈 곳을 잃고 다시금 출셋길이 막힌 고아로 전락하고 말았다.

이후 얼마 지나지 않아 수는 많되 군사적 역량은 형편없던 황건적은 조정 토벌군에 의해 괴멸되었다. 장각 삼형제는 전투 중 잇달아 사망했고 살아남은 황건적 무리는 사방으로 흩어졌다. 이후 조정에서는 논공행상이 시작됐다. 유비는 황건적 소탕 과정에서 분명히 적잖은 공을 세웠다. 그러나 관료 사회에서는 연줄이 없으면 출셋길이 막히는 법이었다. 유비는 겨우 중산군中山郡 안희현安熹縣 현위縣尉로 만족해야 했다.

안희현은 매우 작은 고을이었다. 현위는 현장縣長을 도와 치안을 관리하는 하위직이다. 이는 유비의 야심에 한참 못 미치는 미관말직이었지만 실망할 겨를이 없었다. 실망보다 더 큰 우려가 있었기 때문이다. '한실 종친'이 이토록 큰 공을 세우고도 '현위' 자리밖에 얻지 못했다는 것은 '한실 종친'이라는 신분도 별 볼 일 없음을 의미했다.

유비는 자신의 실망이 관우와 장비에게 더 큰 실망을 안겨 그들이 떠날까 전전긍긍했다. 가진 것을 다 버리고 유비를 따라 천하를 떠돌기로 한 그들이 고작 현위의 수하 노릇에 만족할 리 없었다.

잔혹한 현실이지만 오히려 머릿속은 맑아졌다. 이제야 유비는 '한실 종친'이 허울뿐인 이름이며 관우와 장비만이 자신의 자원임을 깨달았다. 황건적과 전투에서 확인한 관우와 장비의 신들린 무위武威는 그토록 원하던 '만인지적萬人之敵'의 모습이었다. 황건적의 기세는 수그러들었지만 이미 장각은 수많은 호걸의 야망을 불러일으켰다. 황실은 이미 무너지고 있었다. 켜켜이 쌓인 난제들은 해결될 조짐을 보이지 않았다. 어쩌면 이보다 더 큰 변란이 기다리고 있을지도 모른다. 유비는 하늘이 보내준 관우와 장비만 있으면 세상을 놀라게 할 날이 오리라 확신했다. 그렇다면 두 사람을 아끼고 잘해줘서 일편단심 자신을 따르게 만들어야 했다.

말이 쉽지 어떻게 아끼고 잘해준단 말인가?

적잖은 세월 동안 그 고생을 하고도 손에 쥔 것이 하나도 없는 유비였다. 그러나 다행히도 진정한 정은 금은보화로 쌓는 것이 아니었다. 유비의 계책은 '한 상에서 밥 먹고 한 침상에서 잠자기'였다. 밑천도 들지 않는 이 간단한 방법이 불러온 결과는 놀라웠다. 감격한 관우와 장비는 행동으로 보답했다. 이후 두 사람은 유비가 여러 사람 앞에 앉을 때면 늘 그 뒤에 공손히 시립侍立했다.

오늘날의 관점에서 보면 한 상에서 같이 밥 먹는 일은 흔하지만 한 침대에서 같이 잠을 자는 것은 어떻게 봐도 좀 이상하다. 그렇다면 한 상에서 밥 먹고 한 침상에서 잠자기가 어떻게 유비, 관우, 장비 사이의 정을 돈독히 했을까?

여기에는 두 가지 이유가 있다.

하나는 '신체적 접촉'은 인간관계를 끈끈하게 만드는 특효약이다.

인간은 군집성 동물로 사회적 교류는 인간의 타고난 본성이다. 그러나 내가 사귀고 싶은 사람이 모두 선의로 다가오지는 않는다. 그래서 우리의 잠재의식은 상대에게 각기 다른 심리적 거리를 정한다.

미국 노스웨스턴대학Northwestern University의 인류학자 에드워드 홀Edward Hall은 연구 끝에 인간관계의 거리를 0~45cm의 친밀한 거리Intimate Distance Zone, 45~120cm의 개인적 거리Personal Distance Zone, 120~360cm의 사회적 거리Social Distance Zone, 360~760cm의 공적인 거리Public Distance Zone의 4가지 유형으로 나눴다. 이 유형은 타인에 대한 신뢰도에 따라 자신을 방어할 수 있는 최소한의 거리를 나타낸다.

한 상에서 먹고 한 침상에서 잠든 유비, 관우, 장비의 거리는 '친밀한 거리'에 속한다. 이 거리에서는 수시로 '신체적 접촉'이 있을 수밖에 없다.

적절한 신체적 접촉이 미묘한 감정 반응을 일으킨다는 것은 이미 수많은 심리학 연구를 통해 증명되었다. 그 예로 식당 종업원의 신체 접촉과 팁의 상관관계 연구는 매우 설득력 있다.

실험에 참여한 종업원은 손님에게 계산서를 가져다줄 때 손님의 어깨를 만지는 여부를 동전 던지기로 정했다.

그 결과 신체적 접촉이 없을 때는 11.5%를 팁으로 받았지만 손님의 어깨를 가볍게 만진 경우는 15% 이상을 받았다.

대수롭지 않아 보이는 가벼운 신체적 접촉이 이토록 큰 차이를 부른 까닭은 무엇일까?

사실 스치는 정도의 접촉도 상대방의 잠재의식에 있는 방어심리를 무너뜨리고 믿음과 호감을 일으킬 수 있다. 이 실험에서는 더 많은 팁으로 이러한 믿음과 호감을 보여준 것이다.

유비, 관우, 장비는 함께 밥을 먹고 잠을 자면서 무의식중에 수시로 신체적 접촉을 했을 것이다. 그 결과는 상대방에 대한 강한 믿음과 호감으로 드러났다.

유비가 천하를 얻은 것을 두고 눈물 때문이라고들 한다. 하지만 이 내용으로 보았을 때 유비가 천하를 얻은 것은 잠자리 효과라고 보는 게 더 옳을 듯싶다. 이유는 간단하다. 유비가 천하를 얻은 밑천은 이 용맹하고 충직한 두 아우였고 그들 사이의

도타운 정은 단 한 번의 결의와 무수한 신체적 접촉이 이뤄낸 결과이기 때문이다.

그런데 왜 관우와 장비는 유비를 경애하기까지 했을까?

이것이 두 번째 원인이다. 유비, 관우, 장비의 관계는 단순히 '형제 관계'가 아니라 '군신 관계'이기도 했던 까닭이다.

후한 시기, 군신이 '한 상에서 밥 먹고 한 침상에서 잠잔' 미담이 있다.

후한의 초대 황제인 광무제 유수劉秀에게는 엄자릉嚴子陵이라는 죽마고우가 있었다. 평민 출신의 유수가 황제가 된 뒤, 어느 날 엄자릉이 유수를 만나러 왔다. 유수는 한 상에서 밥을 먹으며 엄자릉을 극진히 대접하고 황궁에서 자고 가게 했다. 유수는 자신이 옛 친구를 잊지 않았음을 보여주기 위해 엄자릉과 한 침상에서 잠을 자기로 한다. 어차피 그렇게 결정된 일, 엄자릉도 스스럼없이 침상에 누워 그대로 곯아떨어졌다. 그런데 잠결에 엄자릉이 유수의 배 위에 발을 올렸다.

다음날, 천문을 관측하는 태사太史가 유수에게 아뢰었다.

"지난밤 객성客星이 제좌帝座를 범하였사옵니다."

객성은 잠시 나타났다 사라지는 별이고 제좌는 북두칠성의 두 번째 별로 당시에는 제왕의 상징으로 여겼다. 유수는 파안대소했다.

"짐이 옛 친구인 엄자릉과 함께 잤을 뿐이다."

이 이야기가 전해지면서 유수는 단번에 정과 도의를 중시한다는 이미지를 얻었다. 그리고 '한 상에서 밥 먹고 한 침상에서 잠자기'는 군주가 신하를 아끼고 잘 대접함을 상징하는 행위가 되었다.

유비는 이 상징적 행위의 이점을 알뜰히 챙겼다. 또한 이를 통해 자신이 훗날 제위에 오를 것이라는 심리적 암시를 걸었다.

황제가 될 유비가 이토록 아껴주는데 은혜를 입은 관우와 장비가 어찌 그를 경애하지 않으며 목숨 바쳐 보은하려 들지 않겠는가?

천하를 삼분한 조조, 손권, 유비에 대해 말할 때 흔히 조조는 '천시天時(하늘이 준 때)', 손권은 '지리地利(지형적 이로움)', 유비는 '인화人和(사람들의 화합)'로 천하를 얻었다고 한다. 천시나 지리는 '운'이 어느 정도 작용한다. 그러나 인화는 빈털터리인 유비가 오롯이 자신의 부단한 노력만으로 얻어낸 결과이다.

유비가 '제위에 오르는 길'은 '인화의 길'이었다. 그리고 이 길은 두 아우를 소중히 대하는 데서 시작되었다. 이렇게 안희현에서 보낸 잔잔한 날들이 유비, 관우, 장비 세 사람을 하나로 묶으며 서로에게 영원불변의 충정을 바치는 사이로 만들어갔다.

◈ **시련을 기회로 바꾸는 역경 극복 처세술**

가깝기에 만나는 것이 아니라 만나기 때문에 가까워진다. 인간관계는 어렵고 난해하다. 상대의 환심을 사는 건 쉽지만 마음까지 하나가 되는 건 결코 쉬운 일이 아니다. 따라서 가깝다고 모두 내 편이 아님을 알아야 한다. 자주 대화하며 상황을 공유해야 마음의 거리가 좁혀진다.

자신의 배경이 앞날을 결정한다

안희현에서 보내는 한가로운 시절은 그리 오래가지 않았다.

장각 무리를 소탕한 뒤, 십상시를 위시한 환관 무리는 군공軍功을 세운 자들의 입지가 커질까 우려하여 후한영제 앞에서 그들을 헐뜯었다. 그로 인해 황건적 토벌에 앞장섰던 황보숭과 조준이 잇달아 파직당한다. 또 각지의 장리長吏로 임명됐던 사람들까지 낱낱이 조사해 군공이 거짓인 자와 직무 수행 능력이 없는 자는 현직을 박탈하라는 조서를 내렸다.

유비도 조사 대상자였다. 하지만 참군한 뒤로 크고 작은 전투를 서른 번 넘게 치른 유비는 거짓 군공과 무관하다고 생각했다. 또 현위직을 맡은 지 몇 달 안 됐어도 안희현의 치안이 훨씬 나아졌으니 직무 수행 능력이 없는 것도 아니었다. 그래서 파직당할 염려는 하지 않았다.

어느 날, 중산군 관리들을 감찰하는 독우가 안희현을 찾았다. 유비는 관우와 장비를 데리고 성 밖으로 나가 그를 맞이했다. 큰 말을 타고 의기양양하게 오는 독우를 본 유비는 말에서 내려 예를 올렸다. 그런데 독우는 고개를 빳빳이 쳐들고 눈만 어슷하게 내리깐 채 말없이 채찍을 들어 답례를 대신했다. 관우와 장비는 독우의 오만방자한 행동에 분이 치솟았으나 깍듯이 예를 지키는 유비를 보고 참을 수밖에 없었다.

독우가 관역館驛에 이르자 유비는 분주하게 그가 앉을 곳을 마련했다. 독우는 일부러 한참을 꾸물거리다가 높은 자리에 앉더니 계단 아래 시립해 있는 유비에게 말했다.

"유현위는 내력이 어찌 되는가?"

여기서 '내력'이란 믿는 구석이나 뒤를 봐주는 사람을 의미한다. 그러니 유비를 떠볼 셈으로 던지는 질문이 분명했다.

유비는 현위로 부임한 이래 윗사람들을 찾아다니거나 연줄을 만들려고 애쓴 적이 없었다. 그러니 독우가 봤을 때 관행에서 벗어난 유비의 행동은 두 가지 가능성을 의미했다. 하나는 유비의 뒤를 봐주는 사람이 무지막지하게 대단할 가능성이다. 수도 고위층에 직접 줄이 닿을 정도라 군수나 독우 따위는 안중에도 없이 방자하게 구는 것일지 모른다. 만약 그렇다면 이 자리는 그저 형식상의 감찰로 흐지부지 끝을 맺을 것이다. 다른 하나는 딱히 '내력'이랄 게 없어 이 바닥의 규칙에 깜깜할 가능성이다. 만약 두 번째 경우라면 확실히 깨우치도록 이번 기회에 제대로 가르쳐야 한다. 그런데도 갈피를 못 잡고 헤맨다면 황제의 조서를 핑계로 파직하면 그만이었다.

한편 유비에게는 급작스럽고 뜬금없는 물음이었다. 독우가 거짓 군공 여부와 맡은 일을 제대로 수행하는지 따질 줄 알았다. 이에 대해 할 말을 준비했는데 아닌 밤중에 홍두깨라더니 '출신'을 물을 줄이야!

지금껏 유비가 보인 언행으로 보면, 그는 '자기 모니터링self-monitoring' 능력이 상당히 뛰어난 사람이다. 그래서 외부 상황에 맞춰 자신의 언행을 유연하게 바꿀 줄 알았다. 그가 준비한 사전질문지에 없는 질문이었지만 유비는 독우의 말을 듣자마자 그 속에 담긴 의미를 알아차렸다. 하지만 유비에게 비빌 언덕이랄 게 없었다.

그나마 있던 노식은 환관에게 밉보여 자리에서 물러난 지 오래였다. 노식과 전우애를 나눈 황보숭, 조준도 줄줄이 쫓겨났다. 이 마당에 노식의 문하생이었다고 밝히는 것은 섶을 지고 불로 들어가는 격이었다. 어차피 노식은 버리는 패가 되었으니 한 번도 패한 적 없는 무적의 카드 '한실 종친'을 꺼낼 수밖에 없었다.

이것은 유비가 가진 유일한 자원이었다. 그런데 눈치가 비상한 유비는 이 상황이 평소와 다름을 알아차렸다. 이 독우라는 자는 관료 사회에서 잔뼈가 굵은 자였다. 그런 자에게 '한실 종친'이 지니는 무게감은 깃털보다도 가벼울 터였다. 그때 유비에게 좋은 생각이 들었다. 마음을 가다듬고 답했다.

"저는 중산정왕의 후손으로 탁군에서 의군을 일으켜 황건적을 토벌하고 서른 번의 크고 작은 전투를 치렀습니다."

유비는 대놓고 '한실 종친'이라고 하지 않고 '중산정왕의 후손'이라 에둘러 말했다. 중산정왕中山靖王 유승劉勝은 한경제漢景帝 유계劉啓의 아들로 한고조 유방의 증손이었다. 중산정왕의 후손이라는 말은 곧 '한실 종친'임을 뜻했다. 그렇다면 '중산정왕의 후손'과 '한실 종친'은 무엇이 다른가?

이는 유비가 악의를 품고 거만하게 구는 독우에게 조금 불안해하고 있음을 보여준다.

사람은 뭔가 켕기는 것이 있고 자신을 증명하고 싶어 안달할 때 더 구체적이고, 더 자세하고, 더 많은 정보를 제공한다. 의미하는 바가 명확한 '중산정왕의 후손'이라는 표현이 두루뭉술한 '한실 종친'보다 훨씬 '한실 종친' 같다.

'명확성'이라는 조건에서 보면 '중산정왕의 후손' 외에도 세 가지 선택지가 있었다.

유방의 후손이라고 할 수도 있고 한경제의 후손이라고 할 수도 있다. 중산정왕의 아들이자 탁현 육성후陸城侯에 봉해졌던 유정劉貞의 후예라고 말할 수도 있었다. 사실 유비는 탁현 출신이므로 탁현을 봉지로 받은 유정이 그의 직계 선조일 확률이 높았다. 그런데도 왜 굳이 '중산정왕의 후손'이라고 했을까?

이것은 엉겁결에 저지른 말실수가 아니라 유비의 의도된 발언이었다.

일단 '유방의 후손'이라고 할 수는 없다. 유방은 개국 군주로 천하의 모든 유씨가 그의 후손이다. 그런데 자신이 '유방의 후손'이라고 말한 것이다. 그건 할 필요가 없는 말이다.

다음으로 '한경제의 후손'이라고 하기에도 좀 그렇다. 경제는 황제였다. 그런 그와 말단 관리인 유비 사이에는 건널 수 없는 신분의 강이 있다. 자신을 경제의 후손이라고 소개하는 것은 '황제 후손으로서의 콩고물을 얻겠다'라는 뜻으로 들려 오히려 반감을 사기 쉽다.

마지막으로 '유정의 후손'이라고 하기는 싫었다. 유정이 작위를 받기는 했는데 얼마 지나지 않아 한무제에게 작위를 박탈당했으니 말해봐야 부끄럽기만 할 터였다.

이런 점들을 고려하면 중산정왕의 후손이 최선의 선택지였다. 일단 왕의 후손인 셈이니 면이 서면서도 지나치게 잘난 척한다는 인상을 주지 않는다.

게다가 중산정왕 유승은 여색을 밝혀 아들만 120여 명을 뒀다. 그들이 또 자식을 낳아 수많은 자손을 퍼뜨렸기에 사실 여부를 따지기 매우 어려웠다. 유비의 족보는 유실된 지 오래였다. 그러기에 중산정왕의 후손이라고 하는 것이 황족의 후예라는 신분을 의심하는 말에 대처하기가 수월했다.

급작스러운 상황에서 보인 유비의 임기응변은 실로 훌륭했다. 악의를 품은 독우를 만난 지 얼마 되지 않아 자신을 방어할 적당한 방법을 찾아냈기 때문이다.

유비는 이것으로 문제가 얼추 해결됐을 거로 생각했다. 장비와 첫 만남에서 순간적 기지로 '한실 종친' 카드를 꺼내 그 효과를 봤기 때문이다. 그런데 유비가 우려했던 일이 벌어지고 말았다.

독우는 그 말을 의심하는 대신 부정했다.

"허튼소리! 네가 황친을 사칭하더니 군공까지 꾸미는구나! 조정에서 조서를 내린 것은 바로 네놈 같은 탐관오리를 관직에서 몰아내기 위함이다!"

독우는 어째서 이렇게 말했을까?

군이 탓을 찾자면 유비가 대답을 너무 잘해 독우가 파고들 틈이 없었기 때문이다. 트집을 잡으러 왔는데 딱 봐도 안 될 것 같으니 대뜸 부정하고 나선 것이다.

급소를 찔린 유비는 손발에 식은땀이 고이고 얼굴이 붉게 달아올랐다. 유비가 말문이 막히는 일은 그의 삶을 통틀어 극히 드문 일었다.

그러나 유비를 떨게 만든 것은 독우의 부정 그 자체가 아니었다. 만약 관우와 장비가 저 말에 혹해 자신을 의심하게 되면 자기 곁을 떠날지도 모른다는 우려가 생긴 까닭이다.

순간 유비는 곁눈질로 슬쩍 두 사람을 봤다. 다행히 관우와 장비는 속은 것을 깨달았을 때의 표정이 아니라 끓어오르는 화를 삭이는 표정이었다. 그제야 큰 짐을 벗은 듯 마음이 홀가분해졌다.

어째서 관우와 장비는 일언반구 못 하는 유비를 보고도 의아해하지 않았을까?

이는 관우와 장비가 이미 '신념고착belief perseverance' 상태였기 때문이다.

'신념고착'이란 어떤 신념을 주입 당한 뒤 그에 따른 생각과 행동이 뒤따르면 그 신념이 점차 완고해져 정반대의 증거를 내밀어도 설득할 수 없다는 이론이다.

관우와 장비는 '한실 종친' 유비에 끌려 그를 따르기로 했다. 이후 장세평과 소쌍, 유주자사 유우도 유비가 한실 종친이기에 그를 지지했다. 이를 곁에서 지켜본 두 사람이 유비를 믿는 것은 지극히 당연했다. 그래서 독우의 말은 아무런 의심도 일으키지 못했다. 오히려 자신들을 공격한다고 여겨 노기충천했다. 유비가 가짜라면 관우와 장비가 틀렸다는 뜻이다.

잘못을 지적받고 기꺼워할 사람은 없다. 그 덕분에 유비는 또 위기를 넘겼다.

한바탕 '연극'을 하고 난 독우는 손을 휘저어 유비를 물리고 방으로 향했다. 이제 유비가 어떻게 움직일지 볼 차례였다.

◈ 시련을 기회로 바꾸는 역경 극복 처세술

한 사람의 배경이 그의 앞날을 결정하는 경우가 많다. 자라온 환경이나 배경은 무시할 수 없다. 환경에서 제공하는 요소가 많은데 만나는 사람이나 시대적 상황, 집안의 처지나 여건은 개인의 정신력이나 가치관을 결정하는 중요한 요인이 된다. 그 배경에 대한 불만이나 만족, 긍정이나 부정적인 생각을 지배하기 때문이다.

은인은 삶의 방향을 바꾸게 돕는다

초조해진 유비는 현아縣衙로 돌아가 이 바닥 생리에 훤한 현리縣吏들을 불러 대응책을 상의했다. 현리들은 이내 무슨 영문인지 파악했다.

"독우가 위세를 부리고 대인을 곤란하게 하는 것은 뇌물을 바라서입니다."

유비는 절로 한숨이 나왔다. 노식처럼 높은 자리에 있는 사람도 뇌물로 화를 입었는데 자신이라고 다를까. 현위 자리가 벼슬이라 하기에는 조금 민망한 미관말직이었지만 어쨌든 돗자리나 짜고 짚신이나 삼던 하층민의 삶은 벗어나게 해줬다. 그리고 이 자리에서 쫓겨나면 당장 갈 데도 없었다.

이 자리를 지키려면 독우에게 뇌물을 줘야 한다. 그러나 원래부터 가난했고 백성을 수탈한 적 없는 유비에게 뇌물로 쓸 돈이 있을 리 만무했다. 답답했지만 딱히 뾰족한 수가 떠오르지도 않았다. 황제의 조서를 믿고 호가호위하는 독우는 기어코 원하는 걸 얻으려고 할 것이다. 저렇게 간교한 자는 공식적인 규정을 이용해 보이지 않는 곳에서 암묵적인 관행을 따르게 하는 데 이골이 난 사람이다. 이를 잘 모르는 사람은 속수무책으로 당할 수밖에 없다.

이튿날, 독우는 유비가 아무런 움직임도 보이지 않자 또 다른 수를 썼다. 그는 모든 문서를 가져오게 했다. 유비가 직무를 제대로 수행하지 않았다는 증거를 찾을 셈이었다.

유비가 다급히 찾아가 만남을 청했으나 독우는 만나주지 않았다.

언짢긴 하되 별도리가 없었던 유비는 그대로 물러났으나 장비는 달랐다. 홧김에 술을 진탕 마시고 성난 마음에 그대로 독우가 묵는 숙소로 달려갔다. 장비는 독우를 잡아 끌어내 커다란 버드나무에 꽁꽁 묶고는 버드나무 가지를 꺾어 힘껏 매질하기 시작했다. 혼비백산한 독우는 울며불며 살려달라고 싹싹 빌었다.

이를 본 사람들은 유비를 부르러 부리나케 뛰어갔다. 유비가 황급히 달려오자 독우는 언제 방자하게 굴었냐는 듯 눈물로 애원했다.

"현덕공! 제발 좀 구해 주시오!"

유비는 신나게 매타작하는 장비를 보고 십 년 묵은 체증이 쑥 내려가는 듯했다. 할 수만 있다면 장비 손에 들린 가지를 빼앗아 제 손으로 흠씬 때려주고 싶기도 했다. 그러나 뒷일을 생각해 서둘러 장비를 말렸다.

그때 관우도 당도했다.

"형님은 큰 공을 많이 세우시고도 고작 현위 자리만 받으셨습니다. 헌데 이제 저런 놈까지 형님을 욕보이고 있습니다. 무릇 가시덤불은 봉황이 깃들 곳이 아닙니다. 차라리 저놈을 죽입시다. 그리고 관직을 버리고 고향으로 돌아가 다시 원대한 계획을 도모함이 나을 듯합니다."

관우는 "요행을 바라지 마십시오. 이미 이놈에게 제대로 원한을 샀으니 이 자리에서 싹을 자르지 않으면 후환을 감당하지 못할 것입니다. 독우를 죽이면 더는 이곳에 머물 수도 없으니 떠나는 것만이 유일한 방도입니다."라고 유비에게 현실을 알려주고 있었다.

그 말에 다급해진 독우는 대경실색하며 연신 유비에게 살려달라 외쳤다.

유비는 어찌해야 했을까?

독우를 살려주고 그의 이해를 구한 뒤 계속 안희현에서 살던 대로 살까?

아니면 독우를 죽인 다음 관직을 버리고 도망칠까?

독우를 풀어주면 원한을 품고 언젠가 보복할 테니 앞날이 시끄러울 터였다. 그렇다고 죽이자니 대놓고 조정에 반기를 든 셈이라 더 골치 아픈 상황이 닥칠 것이다.

유비는 결단을 내려야 했다.

그런데 관우가 언급한 '원대한 계획'이 유비의 마음을 뒤흔들었다. 이는 유비, 관우, 장비 삼형제가 감히 남 앞에서는 입에 올리지 못한 큰 꿈이었다. 관우의 말에는 지금의 생활에 대한 불만이 가득했다. 당연했다. 뭐 하나 넉넉지 않은 작은 시골 마을에서 몸을 낮추고 사는 것은 그들의 원대한 꿈과는 거리가 멀었다.

유비는 관우와 장비의 믿음을 잃는 것이 가장 두려웠다. 만약 독우를 살려주고 그럭저럭 살던 대로 또 살아간다면 독우가 보복하지 않겠다고 하더라도 관우의 지지를 잃게 될 것이다.

다급한 상황에서 유비는 세 번째 보기를 골랐다. 그는 허리에 달린 현위 인수印綬를 풀어 독우의 목에 걸어주며 말했다.

"못된 짓을 일삼은 네놈은 죽어 마땅하다. 그러나 오늘은 네 목숨을 살려줄 터이니 앞으로는 행동을 조심해야 할 것이다. 나는 이제 이 인수를 네게 넘기고 현위 자리를 내놓겠다."

말을 마친 유비는 관우와 장비를 불러 말에 오르더니 바람처럼 떠나갔다.

얼핏 보면 유비가 독우에게 살길을 열어준 것처럼 보이지만 사실은 유비 자신의 살길을 연 행동이었다. 관우의 말대로 독우를 죽였다면 조정의 관리를 해친 중죄를 범한 셈이니 천하가 아무리 넓더라도 삼형제가 발붙일 곳은 없었을 것이다. 유비의 탁월한 임기응변 능력을 다시 한번 입증한 이 결정에 관우와 장비의 경애심도 더욱 깊어졌다.

그러나 운 좋게 목숨을 건진 독우는 유비를 용서할 마음이 없었다. 그는 곧바로 군수에게 이 일을 보고했고 세 사람을 뒤쫓게 했다.

유비는 의병을 일으켜 황건적을 토벌하며 오랫동안 피비린내 나는 전투를 치른 끝에 겨우 미관말직을 얻었다. 그런데 하필이면 독우에게 걸려 도망자가 되었으니 일개 백성이던 시절보다 못한 신세가 되었다. 이는 유비가 겪은 첫 번째 좌절이다. '유씨 창업단'이 어렵사리 일군 작은 결실은 결국 무로 돌아갔다. 아니, 오히려 본전까지 다 털렸다.

그래서 독우를 유비 인생의 재난이라고 말하는 사람들이 많다. 하지만 오히려 귀인으로 봐야 옳다. 유비에게 원대한 꿈이 있고 안희현에 묻혀 살 생각이 없었더라도 사람은 누구나 어영부영 살아가려는 타성이 있다. 독우가 유비를 막다른 길로 몰지 않았다면 유비는 현위 자리를 버리고 꿈을 위한 여정에 오르지 않았을지 모른다.

안일함은 웅대한 포부를 억누른다. 고통이야말로 생각을 독촉하는 힘이다. 곤궁한 도망자 생활에서 유비는 천하의 대세와 자신의 운명을 생각했다. 자신과 노식의 처지를 되돌아본 유비가 작금의 상황에서 내린 결론은 이러했다.

'간사한 아첨꾼이 득세하고 소인이 판치고 부정부패가 만연하며 군자의 출셋길이 막힌 작금의 상황은 되돌릴 길이 없다.'

이렇게 생각하니 황건적이 봉기할 수밖에 없었겠구나 싶었다. 장각은 금세 토벌당했지만 그 잔당들이 수시로 들고일어났고 한나라를 대신하려는 영웅들이 계속 등장했다. 천하가 어지럽다면 언젠가는 기회가 올 것이다. 이 상황이 이어지기만 한다면 내 원대한 꿈도 이룰 수 있을 것이다.

사람은 자신의 사고방식을 타인에게 투사하는 경향이 있다. 이를 '허위 합의 효과false_consensus effect'라고 부른다.

부패한 정권의 몰락을 예상한 유비는 다른 사람도 같은 생각일 것이라 여겼다. 그러나 부자는 망해도 삼대를 이어 간다고 했다. 한나라가 완전히 몰락하는 데 몇십 년이 걸릴지 몰랐다.

그러나 허위 합의 효과에 매몰된 유비는 장밋빛 미래를 그리며 싸울 의지를 불태웠다. 세상만사는 득이 있으면 실도 있다. 지나친 낙관으로 부풀었던 기대는 잔혹한 현실에 부딪히며 쪼그라들었다. 그럴 때마다 유비의 심신도 깎여나갔고 막막함은 더해갔다. 희망찬 앞날이 보여도 당장 변하는 것이 없으니 여전히 숨어다니며 근근이 살았다. 하릴없이 보내는 시간은 고통스럽기만 했다.

독우는 유비의 행동만 다그친 게 아니라 생각까지 다그쳤다. 밤이 되면 유비는 독우에게 했던 자신의 행동을 되짚었다. 그나마 절제한 것이었으나 그렇게 충동적인 결정을 내린 것은 처음이었다.

충동적인 행동은 시원해 보이지만 쓰라린 대가가 뒤따른다. 무일푼인 유비가 다시 벼슬길에 오르기는 쉽지 않을 것이다. 유비는 다시 기회가 온다면 자신의 명성을 한껏 드높이리라 다짐했다. '한실 종친'에 걸맞은 훌륭한 명성을 떨쳐야만 독우 같은 무리가 '내력' 운운할 일이 없어질 것이다.

훌륭한 명성을 얻는 지름길은 당대 유명인에게 좋은 평가를 듣는 것이다. 여남汝南의 명사 허소許劭는 매달 초하루에 인물평을 했다. 여기에서 좋은 평가를 받으면 하루아침에 몸값이 천정부지로 뛰고 천하에 이름을 떨쳤다. 그래서 명성을 쌓기 이전의 조조도 자신에 대한 평을 줄기차게 요구했다. 어지간히 귀찮았던 허소는 마지못해 조조를 평했다.

"치세에는 유능한 신하, 난세에는 간신일 것이다."

혹평에 가까웠지만 이 세평 덕분에 조조의 이름은 천하에 알려졌다.

그러나 유비는 이 지름길을 걸을 수 없었다. 출신이 한미한 그가 명사와 연이 닿을 턱이 없었으니까. 결국 유비는 밑바닥부터 제힘으로 올라야 했다. 한 걸음씩 내딛다 보면 어느 순간 천 리에 이를 것이다. 이렇게 사색하는 중에 '선한 일이 작다고 행하지 않아서도 아니 되며 악한 일이 작다고 행해서도 아니 된다'라는 생각도 커졌다.

이후 유비는 긴 세월 혼돈의 한복판에 있었지만 한순간의 후련함과 통쾌함을 위해 충동적으로 행동하지 않았다. 대신 한때의 거칠고 사나웠던 면이 잊힐 만큼 꿋꿋하고 굳세게 나아갈 뿐이었다.

그러다가 천하에 이름을 알리고 말년에 이르러 관우와 장비의 복수를 위해 충동을 발산한다. 그 결과가 촉한의 모든 국력을 동원해 나선 '동오 대토벌'이다.

◈ 시련을 기회로 바꾸는 역경 극복 처세술

당신을 움직이는 사람이 진정한 은인이다. 개인적 판단과 기준이 있기에 우리는 다른 사람의 생각에 잘 휘둘리지 않는다. 인생을 거는 문제에서 신념을 꺾지 않으려는 관성이 작용하기 때문이다. 하지만 당신의 마음을 움직이게 하는 사람이 있다면 그의 가치를 좇게 된다. 그로 인해 인생이 다른 길로 접어들 수 있다.

서주의
주인으로 서다

2부

유비와 서주의 인연은 희비가 교차하며 역사를 써간다.
깃털 장식의 마차를 타겠다는 유비의 꿈을 실현해 줄 발판으로
작용되는가 싶더니 힘에 밀려 쫓겨나기를 반복하며 심한 굴곡을 겪는다.
순탄하지만은 않았던 유비의 격동기로 들어가 보자.

비교가 고통을 부른다

결론적으로 유비의 판단이 옳았다. 천하는 다시 어지러워졌고 새로운 기회가 찾아왔다.

어양군漁陽郡의 장거張擧와 장순張純이 장각의 뒤를 이어 모반을 일으켰다. 장각은 자신을 '천공장군天公將軍'이라 했고 장거는 아예 자신을 '천자'라 칭했다.

쫓기는 신세였던 유비는 다시 반란군을 토벌할 기회를 얻었다. 장거와 장순을 토벌한 유비는 공을 인정받아 독우를 때린 죄를 사면받고 청주青州 하밀현下密縣의 현승懸丞에 제수되었다. 현승은 현령을 보좌해 문관의 직책을 주관하는 자리였다. 이후 유비는 고당현高唐縣 현령에 임명되었다. 이때 유비는 이미 조부

유웅의 생전 최고 직책을 뛰어넘었다.

유비가 고당현 현령을 맡은 지 얼마 되지 않아 황건 잔당이 쳐들어왔다. 대패한 유비는 다시 관우와 장비를 데리고 정처 없는 도망길에 올랐다. 이로써 유비가 이룬 성과는 또 한 번 물거품이 되고 만다.

이때 천하는 더욱 어지러워졌다.

황음무도荒淫無道했던 영제가 재위 22년, 34살의 나이로 세상을 뜨자 하황후何皇后의 아들 유변劉辯이 뒤를 이어 황위에 올랐다. 하황후의 오라비 하진何進은 무능했음에도 외척이라는 이유로 대장군이 되고, 권력을 쥐고 있던 십상시는 영제의 또 다른 아들 유협劉協이 황제가 되는 편이 유리하다고 판단한다. 이를 위해 대장군 하진을 먼저 죽여야 했다. 환관들의 음모를 눈치챈 하진은 한발 앞서 그들을 쓸어버리려 했지만 하태후가 막아섰다.

하진은 병주목幷州牧 동탁董卓을 불러들여 환관 세력을 제거할 계획을 꾸몄다. 그러나 이 사실을 안 환관들이 먼저 손을 써 하진을 죽인다. 하진의 부장이었던 원소袁紹는 하진의 죽음을 이유로 환관 2천여 명을 도륙했다. 이어 당도한 동탁은 무력으로 조정을 장악하고 소제少帝 유변을 폐한 뒤, 유협을 새 황제로 옹립한다. 그가 바로 한헌제漢獻帝다.

동탁은 수많은 문무백관을 죽이고 궁녀를 희롱하며 제멋대로 굴었다. 하지만 동탁의 군대가 무서워 누구 하나 감히 비난하지 못했다. 상황이 이에 이르자 천하의 영웅호걸들이 분연히 떨치고 일어났다.

발해태수渤海太守 원소袁紹, 남양태수南陽太守 원술袁術, 기주자사冀州刺史 한복韓馥, 연주자사兗州刺史 유대劉岱, 서주자사徐州刺史 도겸陶謙, 서량태수西凉太守 마등馬騰 등 군대를 거느린 각지의 실권자들은 강력한 군벌로 거듭났다. 원래 평민이었으나 세상을 호령하는 영웅이 된 자들도 있었다. 한 예로 손견은 오정후烏程侯가 되어 한 지역을 다스렸다.

하지만 유비만이 서른이 넘은 나이에도 이룬 바가 없었기에 심경은 날로 초조해지고 불안해졌다.

번뇌는 비교에서 비롯된다. 비교는 횡적 사회 비교와 종적 자기 비교로 나뉜다.

종적 자기 비교는 대개 기대와 잇닿아 있다. 유비는 어려서부터 '깃털 장식 덮개를 씌운 수레를 타는 꿈'의 영향으로 자신에게 거는 기대가 컸다. 기대가 클수록 뜻대로 되지 않는 현실과 간극이 커지며 번뇌도 깊어진다. 그래서 유비는 조조처럼 삶을 즐길 수 없었다.

처음에 조조는 죽은 뒤 묘비에 '한나라 고故 정서장군征西將軍 조후지묘曹侯之墓'라고 새길 수 있기만 바랐다. 장군이 되어 작위를 받는 것으로 충분했다는 말이다. 그래서 여남의 명사 허소가 '치세의 능신, 난세의 간신'이라고 평하자 더없이 기뻐했다. 조조는 처음부터 '황제'를 꿈꾸지 않았다. 그저 업적을 쌓다 보니 야심이 커졌고 황제의 자리까지 넘보게 된 것이다. 이처럼 자기 기대가 점차 높아진 경우 점진적으로 즐거움을 얻는다. 그러나 유비는 처음부터 지나치게 큰 꿈을 품었다. 현실과 괴리된 꿈은 단번에 이룰 수 없다. 따라서 유비는 현실을 생각할 때마다 고통스러울 수밖에 없었다.

한편 횡적 사회 비교는 참조 대상과 연관이 있다. 우리가 남과 비교할 때 '위로 비교하면 부족함이 있으나 아래로 비교하면 넉넉한' 참조 대상을 찾을 수 있다. 유비가 품은 야심은 필연적으로 상부 사회와의 비교를 불렀다. 비교는 곧 차이를 깨닫게 한다. 원소나 원술 같은 명문가 자제보다 못한 것은 어쩔 수 없지만 손견과 비교하니 마음이 심란해졌다. 뒷배가 없는 것은 매한가지인데 그는 단번에 높은 관직에 올랐다. 손견은 마치 유비의 범속함과 무능함을 비추는 거울 같았다.

그러기에 종적 비교든 횡적 비교든 유비는 자신감이 무너지는 충격을 받았다. 냉엄한 현실을 마주하니 '고아 심리'가 다시 고개를 쳐들었다. 홀로 꿋꿋이 싸우려던 용기는 바닥나고 기댈 곳을 찾았다. 그러나 누가 그의 뒷배가 되어줄까?

하늘이 무너져도 솟아날 구멍은 있다. 어찌할 바를 몰라 헤매던 유비는 소싯적 동문수학했던 공손찬의 소식을 듣게 된다. 공손찬은 이미 높은 자리에 올라 있었다.

유비가 험난한 가시밭길을 헤쳐온 것과 달리 공손찬은 잘 닦인 꽃길만 걸었다. 노식을 떠난 공손찬은 금세 효렴에 뽑혀 순조롭게 벼슬길에 올랐다. 그 후로도 탄탄대로를 걸어 이미 분위장군奮威將軍으로 북평태수北平太守직을 맡아 한 지역을 호령하고 있었다.

현재 유비가 연결할 인맥은 공손찬뿐이었다. 유비는 불공평한 인생을 한탄할 새도 없이 관우와 장비를 데리고 공손찬에게 몸을 의탁했다.

공손찬은 옛 친구가 온 것에 기뻐하며 유비를 별부사마別府司馬로 삼았다. 별부사마는 장군의 부관에 해당하는 벼슬이다. 독립적인 처분권까지 가진 상당히 높은 참모직이었다.

공손찬은 왜 유비를 잘 대해 줬을까?

여기에는 '과시'하고 싶은 마음이 작용했다. 사람은 누구나 타인의 눈에 비치는 자기 모습에 신경 쓴다. 수십 년 전, 유비와 헤어질 때 공손찬은 일개 백성이었다. 그러나 지금의 그는 누구나 우러러볼 만큼 성공했다.

작금의 현실을 생각해 보자. 성공한 사람일수록 기를 쓰고 동창회에 잘 나가지 않는가. 공손찬도 다를 바 없었다. 그는 옛 친구 앞에서 자신의 성공을 과시하고 싶었다. 가장 좋은 방법은 자신의 권력을 보여주는 것이기에 공손찬은 서슴없이 유비를 부관으로 삼았다.

유비는 몹시 기뻤다. 이제야 제자리를 찾은 듯했다. 그러나 뒤이어 공손찬이 내린 지시에 유비는 웃을 수도 울 수도 없는 처지가 되었다.

공손찬은 유비에게 평원平原을 지키라고 했다. 한마디로 임시 평원 현령을 맡으라는 소리다. '임시 평원 현령'은 별부사마에 비해 독립적이었으나 직급이 훨씬 낮았다. 지난 몇 년 동안 유비는 안희현 현위, 하밀현 현승, 고당현 현령에 이어 임시 평원 현령까지 줄곧 현급 직무만 맡았다. 이쯤 되니 이번 생은 현이나 다스릴 운명이고 '깃털 장식 덮개를 씌운 수레를 타는 꿈'은 분수를 모르는 꿈이었다는 생각까지 들었다.

맥이 빠지는 것은 사실이었으나 유비는 언짢은 마음을 드러내지 않고 기쁘게 받아들였다. 혼자 몸이 아니라 딸린 아우들이 있었기 때문이다. 이에 관우와 장비도 불평하지 못했다. 모시는 형님이 기껏해야 현령이니 관우와 장비도 마궁수馬弓手와 보궁수步弓手 자리가 고작이었다.

유비가 평원에서 인고의 세월을 보내는 동안 천하의 형세는 다시금 뒤집힌다.

동탁의 잔학무도함에 조조가 움직였다. 조조는 동탁을 암살하려고 했으나 마지막 순간에 머뭇거리는 바람에 실패하고 만다. 조조는 그 길로 관직을 버리고 고향으로 도망친다. 이후 조조는 병력을 모으며 동탁 토벌에 동참해 줄 것을 호소했다.

조조의 호소는 시대정신을 정확히 꿰뚫었다. 전국 각지에서 호응하는 세력이 나타나며 순식간에 18개 지역에서 모인 18로路 제후가 '반동탁연합'에 가담한다. 그리하여 조조를 비롯해 발해태수 원소, 남양태수 원술, 기주자사 한복, 예주자사豫州刺史 공주孔伷, 연주자사兗州刺史 유대劉岱, 하내태수河內太守 왕광王匡, 진류태수陳留太守 장막張邈, 동군태수東郡太守 교모喬瑁, 산양태수山楊太守 원유袁遺, 제북상濟北相 포신鮑信, 북해태수北海太守 공융孔融, 광릉태수廣陵太守 장초張超, 서주자사徐州刺史 도겸陶謙, 서량태수西凉太守 마등馬騰, 북평태수北平太守 공손찬, 상당태수上黨太守 장양張楊, 장사태수長沙太守 손견孫堅이 동탁을 치기 위해 손을 잡았다.

조조는 동탁 토벌의 기치를 올려 사람을 모았으나 이 호걸들을 설득하기에 자신의 이름값이 부족함을 알고 있었다. 그래서 4대가 모두 삼공三公을 지냈고 문하에 수많은 서생과 관리를 둔 명문거족 출신 원소를 맹주로 추대한다. 그러자 원소의 형제인 원술만 제외하고 모두 여기에 동의했다.

유비의 은인 공손찬도 북평태수로서 반동탁연합에 참여했다. 오랜 시간 숨죽이고 있던 유비는 자신의 기량을 선보일 기회가 왔음을 직감한다. 삼형제는 오랜만에 피가 끓었다. 한시라도 빨리 전장에 서고 싶었던 세 사람은 공손찬을 따라 동탁 토벌에 나선다.

◈ 시련을 기회로 바꾸는 역경 극복 처세술

비교는 고통을 부른다. 살면서 하등에 쓸데없는 일이 비교이다. 상대적 결핍만 가중될 뿐 절대 나아지지 않는다. 노력해 자신을 끌어올려도 비교 습관을 버리지 못하면 다른 상대를 찾아 자신의 처지를 탓하고 비관하게 된다. 삶을 고통의 수렁으로 빠트리는 비교는 절대 해서는 안 될 짓이다.

자신이
빛날 위치에 서라

반동탁연합군은 기세등등하게 사수관汜水關으로 향했다. 소식을 들은 동탁은 휘하의 맹장 화웅華雄을 보내 맞섰다.

제북상 포신이 먼저 공을 세울 욕심에 아우 포충을 내보냈으나 화웅의 칼에 두 동강 나고, 이어 원소가 연합군 최고의 맹장 손견을 내보냈으나 그 또한 화웅에게 패했다.

연달아 적장을 물리치고 기세가 오른 화웅은 연합군을 욕하며 싸움을 걸었다. 원소는 다급히 대책 회의를 열었다. 유비는 천하의 난다 긴다 하는 호걸들을 직접 만날 기회를 놓칠 수 없었다. 용기를 낸 유비는 관우, 장비에게 눈짓해 공손찬을 따라 군막 안으로 들어갔다. 걸출한 인물들이 모인 그곳에서 유비 삼형제는 자리에 앉을 자격조차 없었다. 그저 공손찬의 수행원으로 뒤에 뻣뻣이 시립해 있는 신분이었다.

원소가 물었다.

"누가 나가 화웅을 상대하겠소?"

한때 기백이 넘치던 연합군 수장들은 용맹한 손견이 패하자 크게 위축돼 있었다. 군막은 쥐 죽은 듯 조용해졌다. 원소가 사방을 둘러보는데 문득 공손찬의 뒤에서 냉소가 들려왔다. 유비 삼형제였다.

왜 그랬을까?

이유는 두 가지다.

하나는 신분을 엄격하게 구분 짓는 '강한 상황strong situation'에서 사람은 극심한 제약을 받는다. 공손찬의 수행원인 삼형제는 신분이 낮아 원소의 물음에 답할 자격조차 없었다. 더구나 그 유명한 영웅호걸들이 나서기 전에 먼저 입을 여는 것은 매우 불경한 행동이었다.

다른 하나는 '자기 고양self_enhancement'에서 비롯된 '자기 제시self_presentation'였다. 저 잘난 맛에 사는 유비 삼형제는 위풍당당한 호걸들이 화웅 하나에 쩔쩔매는 꼴이 한심해 보였다. 결국 유비 삼형제는 유력 인사들에게 눈도장을 찍어 출셋길을 마련할 생각으로 냉소를 날린 것이다.

아니나 다를까, 원소가 세 사람에게 시선을 옮겼다. 딱 보니 셋 다 기골이 범상치 않은 데다 본 적 없는 얼굴이라 궁금한 마음에 공손찬에게 물었다.

"공손 태수, 뒤에 서 있는 이들은 누굽니까?"

공손찬이 손을 내밀어 유비를 곁으로 불렀다.

"이 사람은 저와 어릴 적 동문수학한 벗입니다. 현재 평원현령을 맡고 있으며 이름은 유비, 자는 현덕으로 한실 종친입니다."

공손찬은 유비의 신분 키워드 세 개, 즉 그의 '오랜 친구', '평원현령', '한실 종친'을 한꺼번에 밝혔다. 공손찬의 무의식 속에 깃든 유비의 이해에 따른 순서였다. 동문수학하던 시절의 공손찬은 유비에게 '한실 종친'이라는 말을 들어본 적이 없다. 다시 만난 후 관우와 장비가 틈만 나면 유비가 '한실 종친'이라고 떠들어대는 것을 들었을 뿐이다. 공손찬이 유비를 '한실 종친'이라 소개한 데도 이유가 있다. 천하 사람들이 다 아는 호걸들 앞에 서기에 '현령'은 급이 맞지 않았다. 때문에 '한실 종친'으로 금칠을 좀 해줘야 했다.

물론 공손찬은 '선의'였으나 유비는 당혹스러웠다. '한실 종친'이 수행원 노릇이나 하고 자리에 앉지도 못하는 신세라니 얼마나 부끄러운 일인가. 아까 비웃음을 날리며 한껏 치솟았던 자신감이 바로 고꾸라졌다. 만약 유비가 직접 자기를 소개했다면 부끄러워서라도 '한실 종친'이라는 말을 꺼내지 못했을 것이다. 이에 조조가 끼어들었다.

"혹시 황건적을 무찌르는 데 여러 공을 세운 유현덕이 아닙니까?"

공손찬이 대답했다.

"맞습니다!"

그런데 유비의 당혹감과 별개로 원소는 '한실 종친'이라는 말에 혹했다.

"유현덕께서 한실 종친이시라니 자리를 마련해라."

그러나 제후 아니면 장군, 자사 아니면 태수를 앞에 두고 겨우 현령 나부랭이인 자가 자리에 앉다니. 자신감이 꺾인 유비는 다급히 말렸다.

"일개 현령인 제가 어찌 자리에 앉겠습니까?"

유비가 '한실 종친'은 빼고 '현령'만 언급한 것은 자신감이 떨어졌다는 증거다.

그러자 원소가 말했다.

"나는 그대의 관직을 존중하는 것이 아니라 황가의 후손이며 큰 공을 세웠던 것을 존중하는 것이니 더는 사양치 마시오."

이번에도 '한실 종친'이 위력을 발휘했다. 게다가 원소의 인정으로 '한실 종친'이라는 이미지가 확고히 굳어졌다.

동한 말은 서역에서 의자가 전해지기 전이라 땅바닥에 자리를 깔고 앉았다. 옆에 있던 시종이 돗자리를 가져와 섬돌 아래 말석에 깔았다. 유비가 좌정하니 관우와 장비가 늘 그랬듯이 두 손을 허리에 대고 그의 뒤에 섰다.

말석이었으나 유비에게는 의미가 컸다. 동한 말 이름을 날린 수많은 영웅이 18개의 자리에 앉아 있었다. 이후 수십 년 동안 혼란과 격동은 대부분 이들이 일으키고 지휘했다. 그런 대단한 이들과 한자리에 앉게 된 것이다.

그중에는 유비를 업신여기는 자들도 있었으나 유비로서는 최상위층 정치 무대에 첫발을 들이민 셈이다. 이후 숱한 기연에 각고의 노력이 더해져 조조, 손견의 아들 손권과 함께 끝까지 살아남아 천하를 삼분한다.

이때 밖에서는 화웅이 격한 말로 도발하고 있었으나 다들 대응책을 고심할 뿐이었다.

원소가 탄식했다.

"나의 상장 안량顔良과 문추文醜가 아직 당도하지 않은 것이 한이로다. 둘 중 한 사람만 이 자리에 있었어도 화웅 따위가 저리 날뛰게 두었겠는가! 설마 이 많은 군사 중에 화웅 하나 쓰러뜨릴 자가 없다는 말이오?"

모두 입을 다물고 있는데 별안간 큰 외침이 들렸다.

"제가 나가 화웅의 목을 베어 장하帳下에 바치겠습니다!"

바로 관우였다.

삼형제가 나란히 서 있을 때는 냉소가 고작이었으나 유비가 자리를 얻고 나니 배짱이 두둑해져 나가 싸우겠다고 한 것이다. 원소가 기쁨을 드러내며 물었다.

"이 자는 누구입니까?"

공손찬이 답했다.

"유현덕의 아우 관우입니다."

원소가 다시 물었다.

"지금 무슨 직책을 맡고 있습니까?"

역시나 원소는 생각이 짧았다. 필요 없는 질문이었기 때문이다. 관우의 의형인 유비도 현령 나부랭이인데 그 아우인 관우의 관직이 높아 봐야 얼마나 높겠는가?

공손찬은 솔직히 말할 수밖에 없었다.

"지금 유현덕을 따르며 마궁수로 있습니다."

원소가 뭐라 반응하기도 전에 원술이 버럭 소리쳤다.

"한낱 궁수 따위가 어찌 감히 헛소리를 지껄이느냐! 우리 군중에 대장이 없다고 업신여기는 게냐! 여봐라, 이놈을 두들겨 패서 내쫓아라!"

원술은 왜 발끈했을까?

그는 가문과 신분을 매우 중시하는 인물이었다. 이복형이자 연합군의 맹주인 원소조차 무시하는 마당에 별 볼 일 없는 마궁수 관우가 눈에 찼을 리 없다.

원소와 원술은 둘 다 원봉袁逢의 아들이었으나 원소의 어머니는 원씨 가문 노비였고 원술의 어머니는 원봉의 정부인이었다. 원봉의 큰형 원성袁成은 대를 이을 아들이 없었다. 이에 원봉은 원소를 원성의 양아들로 보낸다. 이로써 원소는 원성의 적자가 되어 비천한 서출 신분에서 벗어난다. 그러나 원술은 늘 자신이 원소보다 더 고귀하다고 생각했다.

이런 원술이 봤을 때 관우는 이 안에 함께 있을 자격조차 없는 자인데 어찌 연합군을 대표해 화웅과 싸울 수 있겠는가? 분위기가 험악해지자 조조가 나서서 수습했다.

"노여움을 푸시지요. 이자가 큰소리치는 것을 보니 진실로 재주가 있음이 분명합니다. 한번 싸우게 해서 화웅을 이기지 못한다면 그때 죄를 물어도 늦지 않습니다."

원소는 아우가 성을 내는 게 일리 있다고 보았다.

"일개 궁수를 출전시키는 것은 아무래도 면이 서지 않지요. 틀림없이 화웅의 비웃음을 살 겁니다."

그러자 조조가 다시 말했다.

"이자의 자태가 위풍당당한데 화웅이 어찌 궁수인 것을 알아 보겠습니까?"

이 말은 조조가 '외모거부민감성appearance_based rejection sensitivity'이 매우 높은 사람임을 보여준다. 이런 사람은 외모 때문에 냉대받을까 전전긍긍하고 외모가 뛰어난 사람을 추앙한다. 체격이 왜소하고 생김새가 평범했던 조조는 기골이 장대하고 위엄이 넘치는 관우의 모습에 감탄했다. 이때부터 관우에 대한 호감과 흠모가 조조의 마음에 자리하게 된다. 조조가 일면식도 없는 관우를 위해 나선 데는 그런 이유가 있었다.

원소와 원술은 조조가 관우 편을 드니 그의 체면을 생각해 더는 반대하지 않았다. 조조는 관우에게 승전을 비는 술을 권했다. 그러나 원술의 폭언에 자극받아 이미 전투 상태에 들어간 관우는 그대로 군막을 걷고 나가 몸을 날려 말에 올랐다. 그리고 곧바로 화웅에게 달려갔다.

뒤이어 북소리가 지축을 울리고 함성이 하늘을 찔렀다. 얼마 지나지 않아 말방울 소리가 울리더니 관우가 날 듯이 말을 달려 중군으로 돌아와 화웅의 목을 군막 앞에 내던졌다.

조조가 관우에게 권했던 따뜻한 술은 아직도 김이 모락모락 나고 있었다. 이것이 술이 식기도 전에 화웅을 죽였다는 '온주참화웅溫酒斬華雄' 사건의 전모다.

이 한 번의 싸움으로 관우는 널리 이름을 알렸다. 유비가 '한실 종친'이라는 이름값으로 중군 군막 안에서 자리를 얻어냈다면, 관우는 출중한 무예로 영웅호걸의 마음자리를 얻어냈다.

유비는 관우가 큰 공을 세운 것에 놀라면서도 기뻤다. 사실 유비는 자리에 앉아서도 켕기는 바가 있어 고개를 들지 못하고 있었다. 그런데 관우가 그의 체면을 살려주니 저도 모르게 가슴을 쫙 펴고 허리를 꼿꼿이 세우게 되었다.

◈ 시련을 기회로 바꾸는 역경 극복 처세술

마음을 차지하는 것이 대청 안 자리를 차지하는 것보다 중요하다. 위치나 형식적 예의는 관계를 어색하게 만들 뿐 진정한 존중과 유대가 아니다. 마음을 헤아려주는 배려나 심정의 공유가 상대를 감동시킨다. 이로써 관계가 진전되고 신뢰가 쌓인다.

자신의 진가를 알아주는 사람을 가까이하라

관우의 위신이 선 만큼 원술은 제대로 체면을 구겼다.

원술이 분을 삭이고 있을 때 관우의 쾌거에 자극받은 장비가 나섰다.

“우리 형님이 화웅을 베었으니 이참에 관중으로 쳐들어가 동탁을 사로잡아야지 어찌 주저하십니까?”

그 소리에 안 그래도 속이 부글부글 끓던 원술이 화가 나서 큰 소리를 질렀다.

“우리 제후들이 아직 겸양하고 있는데 한낱 현령의 수하인 소졸이 어찌 감히 이 자리에서 무례하게 구느냐! 저놈을 당장 밖으로 끌어내라!”

자존감이 극도로 높은 원술은 먼저 관우를 모욕하더니 이어 장비를 능멸하고 유비까지 싸잡아 능욕했다. 내면이 단단한 사람은 외부의 부정적인 평가에 쉽게 휘둘리지 않는다. 그러나 미천한 사람은 불안정한 자존감 탓에 상처받기 쉽다. 원술의 언행은 유비의 아픈 데를 사정없이 찔렀다. 이후 유비는 평생 원술을 용서하지 않았다. 그러나 이 자리에서는 '정치 신인'으로 발언권이 약했기 때문에 자신을 변호할 수도 아우들을 지켜줄 수도 없었다.

바로 이때 다시금 구세주가 등장한다. 이번에도 조조였다.

조조가 관우 편을 든 이유는 비범한 풍모에 마음이 홀렸기 때문이다. 그러나 이번에 장비 편을 든 것은 안하무인으로 행동하는 원술의 오만함에 조조도 마음이 상했기 때문이다.

조조는 한나라 재상을 지낸 조참曹參의 후손이었으나 그의 조부는 환관이다. 예로부터 사대부는 환관을 멸시했기에 '사세삼공四世三公'을 배출한 원술의 가문과 조조의 가문은 감히 같이 논할 수조차 없었다.

조조가 말했다.

"전투에서 공을 세운 자는 상을 주어야 합니다. 여기서 무슨 귀천을 따진단 말입니까?"

조조가 끼어들자 원술이 또 버럭 소리쳤다.

"여러분이 일개 현령을 그토록 중용하시니 나는 이만 물러가겠소."

그의 말에는 명문가 자제로 뼛속 깊이 새겨진 오만과 편견이 가득했다. 그 자리에 있던 사람들은 절로 고개를 내두르며 '저 자는 안 되겠구나'라고 생각했다. 그리하여 그 자리에 있던 사람들은 언짢은 마음으로 헤어졌다.

조조는 유비, 관우, 장비에게 몰래 술과 고기를 보냈다. 말로는 삼형제에게 보내는 것이지만 조조가 진심으로 친분을 맺고 싶었던 사람은 관우뿐이었다.

한편 동탁은 화웅이 패했다는 소식을 듣고 곧바로 병사를 둘로 나눴다. 하나는 이각李傕과 곽사郭汜에게 내주어 사수관을 지원하게 했다. 동탁 자신은 수하 중의 '에이스'인 여포呂布를 데리고 호로관虎牢關으로 가 진을 쳤다.

이를 보고받은 원소는 군사를 둘로 나눠 공손찬, 공융, 장양, 도겸 등 8로의 제후를 호로관으로 보냈다. 당연히 유비 삼형제도 호로관으로 향했다.

방천화극方天畫戟을 비껴들고 적토마를 탄 여포는 일기당천의 맹장이었다. 오늘날까지 전해지는 삼국시대 무장의 무예 순위를 보면, 1위 여포, 2위 조운趙雲, 3위 전위典韋, 4위 관우, 5위 마초馬超, 6위 장비다. 이 여포가 무려 1위다.

여포가 말을 달려 전장에 뛰어드니 누구도 막아서지 못했다. 잇달아 연합군 장수 서넛이 여포에게 패하자 연합군 제후들은 놀랍고 두려워 서로 눈치만 봤다. 한껏 기세가 오른 여포는 연합군 제후들을 싸잡아 무시했다. 더는 참지 못한 장비가 장팔사모를 높이 들고 여포에게 달려들며 외쳤다.

"성씨가 셋인 종놈아, 달아날 생각 마라! 연인燕人 장비가 여기 있다!"

여포와 십수 합을 겨룬 장비는 점점 힘이 달리기 시작했다. 이에 아우가 걱정된 관우가 나가 협공했다. 처음으로 호적수를 만난 여포는 사력을 다해 싸웠다.

바로 이 싸움으로 여포는 '삼국 제일의 무인'이라는 이름을 얻는다. 사실 여포의 무공이 관우와 장비보다 한 수 위였던 건 사실이다. 그러나 두 사람의 협공을 막기에는 역부족이었다. 그런데 극한 상황에 몰리니 잠재력이 튀어나와 두 사람과 겨루면서도 막상막하의 대결을 펼친다.

관우가 '따뜻한 술이 식기도 전에 화웅의 목을 베는' 놀라운 무위를 선보인 것이 바로 얼마 전이건만, 여포는 그런 관우와 장비의 협공에 밀리지 않았다.

사실 화웅을 죽일 당시 관우는 원술의 폭언에 자극받아 '고도의 각성 상태'에 있었다. 그래서 평소보다 뛰어난 능력을 발휘했다. 한마디로 그때 관우는 천하무적이었다. 그러나 사람이 늘 '고도의 각성 상태'일 수는 없다. 이날의 관우는 평소와 다름없는 상태였다. 그러기에 여포는 관우와 장비의 협공을 너끈히 막아낼 수 있었다.

사정을 모르는 사람들은 관우를 보며 천하무적이라는 단어를 떠올렸다. 그런 관우의 기준으로 여포를 평가하니 그야말로 천하무적이었다.

한편 지켜보던 유비는 속이 바짝 탔다. 여기에는 두 가지 이유가 있다. 하나는 형제라면 어려울 때 마땅히 서로 도와야 한다. 관우가 이미 장비를 도우러 나간 마당에 손 놓고 있을 수는 없었다. 다른 하나는 관우와 장비가 협공하고도 여포를 처리하지 못하면 화웅을 이기면서 한없이 높아진 유비 삼형제의 브랜드 가치가 곤두박질칠 것이다. 더는 가만히 있을 수 없었던 유비도 쌍고검을 휘두르며 말을 달려 싸움에 합류했다.

이점은 유비가 너무 성급했다. 돕기는커녕 오히려 훼방만 놓은 꼴이 되었다. 꾹 참고 기다렸다면 곧 여포가 밀리는 모습을 보았을 터였다.

장수가 말을 타고 싸우는 것은 단순한 패싸움과 다르다. '기댈 사람'이 많을수록 유리하다. 그런데 유비와 나머지 세 사람의 실력 차이는 현저했다. 당연히 이 싸움의 가장 약한 고리는 유비였다. 그러다 보니 관우와 장비는 여포를 잡으려다가 유비를 잃을까 봐 전투에 집중하지 못하고 그를 보호하는 데 힘썼다. 더는 버티기 어려웠던 여포는 유비를 향해 방천화극을 내질렀다. 놀란 유비가 몸을 피하는 순간 여포는 날듯이 말을 달려 호로관으로 달아났다.

유비 삼형제가 호로관까지 여포를 추격했으나 호로관 관문 위에서 화살과 돌이 비 오듯 쏟아지는 바람에 하는 수 없이 발길을 돌려야 했다.

유비의 헛발질에도 삼형제가 용맹한 여포를 격퇴한 사실은 부인할 수 없었다. 이 일로 유비 삼형제는 영웅 대접을 받는다. 그리고 이 이야기는 유비 삼형제가 여포를 맞아 싸운 '삼영전여포三英戰呂布'라는 이름으로 알려지게 된다.

여포가 패퇴하자 동탁은 불안해졌다. 그래서 사수관을 공략 중인 손견을 회유하려 했는데 일언지하에 거절당하고 만다. 만약 동탁이 죽기 살기로 사수관과 호로관을 지켰다면 연합군도 쉽게 무너뜨리지 못했을 것이다. 그러나 연합군의 위세에 놀란 동탁은 모사 이유李儒의 의견을 받아들여 수비를 포기한다. 심지어 한나라 도성 낙양洛陽을 불태우고 한헌제를 겁박해 장안까지 끌고 갔다.

이 승리가 연합군에게 좋은 일만은 아니었다. 본디 끝까지 서로 등 돌리지 않는 연맹은 드물다. 큰 성과를 이룬 날은 대개 연맹이 찢어지는 분기점이 된다. 반동탁연합군도 예외가 아니었다. 조조는 끝까지 추격해 후환을 없애자고 주장했으나 맹주 원소는 승리에 취해 조조의 말을 귓등으로 넘겼다. 제후 중 상당수가 그런 원소를 지지했다.

조조는 앞날을 내다보지 못하고 작은 성취에 안주하는 이들을 보며 통한의 눈물을 삼켰다. 조조는 홀로 군사를 이끌고 동탁을 추격했으나 크게 패했다. 거의 전군을 잃고 목숨만 간신히 건진다. 제후들을 볼 낯이 없어진 조조는 남은 병사들을 수습해 양주揚州로 갔다.

한편 손견은 불타는 궁궐에서 황실의 전국옥새傳國玉璽를 손에 넣게 된다. 귀한 보물을 얻은 손견은 이 사실을 숨겼지만 원소에게 들킨다. 이에 원소는 손견에게 옥새를 내놓으라고 압박했지만, 손견은 끝까지 부인하며 군사들과 함께 강동으로 돌아가버린다. 전국옥새가 민간으로 흘러나왔다는 것은 한황실의 명운이 기울었으며 군웅할거의 시대가 도래했음을 뜻했다.

원소는 형주자사 유표劉表에게 서찰을 보내 손견을 막으라고 했다. 유표는 서찰의 내용을 믿고 그대로 행했다가 손씨 가문과 불구대천의 원수가 되었다.

한편 연주자사 유대는 동군태수 교모에게 군량을 빌리고자 했으나 끝내 빌려주지 않았다. 이에 화가 난 유대는 밤중에 군사를 이끌고 교모의 진영을 습격해 교모를 죽이고 그의 군사들을 자기 밑에 편입시켰다.

고삐 풀린 제후들을 통제할 수 없었던 원소는 군사를 데리고 관동으로 돌아갔다. 맹주가 떠나니 나머지 제후들도 각자의 근거지로 돌아갔다. 이제 천하는 군웅할거의 시대로 들어서며 각지의 제후들은 옛정은 잊고 세력 확장을 위해 피비린내 나는 전쟁을 이어가게 되었다.

유비는 연합군에 가담해 적잖은 수확을 보았다. 시대의 풍운아들에게 얼굴을 알렸고 '한실 종친'으로 인정도 받았다. 가장 큰 수확은 '자신감'이었다.

지금까지 유비는 한미한 직책만 맡아 고위층을 만날 기회가 없었다. 그로 인해 자신감이 떨어진 것도 당연했다. 그런데 제후들을 직접 만나 그들의 진면목을 확인했다. 그러고 나니 '영웅호걸'이라 불리는 자들도 모두 포부가 큰 것은 아니고 지략이 뛰어난 것도 아니며 몇몇은 운 좋게 높은 자리를 차지한 것임을 알게 되었다. 심지어 언행이 졸렬해 자신에게도 못 미친다고 여겨지는 사람도 있었다.

이에 유비는 자신감이 차올랐다.

명나라 장대張岱의 《야항선夜航船》에 나온 이야기를 보자. 한 승려가 밤에 배를 탔다. 그런데 선실에 사람이 너무 많아 다들 다닥다닥 붙어 자야 했다. 그런데 그중 한 서생이 고담준론을 늘어놓았다. 승려는 자신의 수준이 낮음을 알았기에 다리를 한껏 오므린 채 누워 입도 벙긋하지 않았다. 그때 어떤 사람이 서생에게 물었다.

"이보시오, 담대멸명澹臺滅明은 한 사람이오, 아니면 두 사람이오?"

서생이 답했다.

"당연히 두 사람이지요."

그 사람이 다시 물었다.

"요순은 한 사람이오, 아니면 두 사람이오?"

"당연히 한 사람이지요."

그 말에 승려가 답했다.

"그렇다면 소승도 발 좀 뻗읍시다."

유비는 이 이야기 속 승려처럼 제후들의 '진면목'을 알게 된 뒤, 천하를 향해 발은 물론이고 손까지 뻗었다. 이는 유비의 일생을 통틀어 이정표가 될 만한 일이었다.

이후 유비는 공손찬을 따라 북평으로 돌아갔다. 공손찬은 유비의 공을 치하하는 의미에서 평원국 국상國相에 임명했다. 평원

국은 평원현을 비롯해 6개 현을 관할하는 지위였다.

지금보다 더 높은 직책을 맡게 된 유비는 두말할 나위 없이 기뻤다. 그는 이 자리에서 더 큰 공을 세우리라 다짐했다.

◈ 시련을 기회로 바꾸는 역경 극복 처세술

등잔 밑이 어둡다고 했던가. 우리는 자신이 안다고 자부하는 부분에서 더 알지 못하고 실수와 실패를 반복한다. 자만하는 까닭이다. 오히려 자신에게서 한 걸음 떨어지면 객관적인 시각을 가질 수 있다.

권위나 명예에 휘둘리면 그 바람에 휩쓸린다

유비가 평원상으로 있을 때 다시금 천하의 형세가 급변했다. 사도司徒 왕윤王允이 미인계로 여포와 동탁 사이를 이간질해 동탁이 여포 손에 죽고, 동탁의 부장 이각과 곽사는 군사를 일으켜 왕윤을 죽이고 한헌제를 손에 넣는다. 이리저리 끌려다니던 한헌제는 호랑이 아가리에서 벗어나자마자 늑대 아가리로 떨어진 꼴이 되고 말았다.

이때 청주에서 다시 황건적이 사람을 모아 난을 일으켰다. 이에 이각은 주준의 건의를 받아들여 조조에게 청주 황건적 소탕을 명했다. 조조는 황건적을 대파하면서 날래고 용맹한 자들을 따로 뽑아 30만 '청주병靑州兵'을 조직했다. 이로써 조조에게는 천하 제패를 위한 기틀이 마련되었다. 여기에 더해 연주를 점거하며 대대적으로 각 분야의 인재를 모아 막강한 세력을 구축했다.

기반을 다진 조조는 사람을 보내 아버지 조숭曹嵩과 일가친척을 연주로 데려오게 했다. 조숭 일행이 서주를 지날 때, 서주자사 도겸은 조조에게 잘 보이고 싶은 마음에 교위校尉 장개張闓를 보내 연주까지 호위하게 했다.

그런데 장개가 재물에 눈이 멀어 조숭의 일가족 40여 명을 모조리 죽이고 재물을 훔쳐 달아났다.

이 소식을 들은 조조는 비통에 빠졌다. 그는 이 사달의 원흉을 도겸으로 보고 즉시 대군을 일으켜 서주로 향한다. 조조의 대군을 막을 능력이 없었던 별가종사別駕從事 미축糜竺은 북해태수 공융의 원조를 요청하자고 한다.

예전부터 도겸과 사이가 좋았던 공융이 출병을 준비했다. 하필이면 바로 그 시점에 황건 잔당 관해管亥가 군사 십만을 이끌고 북해를 겹겹이 에워쌌고, 공융이 장수를 내보냈으나 관해에게 패하고 만다. 공융은 성에 갇혀 옴짝달싹하지 못했다.

진퇴양난에 빠져 있을 때 태사자太史慈가 포위를 뚫고 성안으로 들어와 만남을 청한다. 사정은 이러했다. 태사자가 타지로 피난을 떠났을 때 공융이 홀로 있는 태사자의 노모를 극진히 보살핀 적이 있었다. 이에 태사자의 어머니가 은혜에 대한 보답으로 아들에게 공융을 도와주라고 한 것이다.

용맹하고 무예가 뛰어난 태사자는 공융에게 병사 1천을 내어주면 성을 나가 적을 섬멸하겠다고 했다. 그러나 태사자를 믿을 수 없었던 공융은 섣불리 군사를 내어주지 않았다. 태사자가 다시금 간청했다.

"만약 성의 포위를 풀지 못하면 저도 집으로 돌아가 노모를 뵐 면목이 없습니다."

공융은 깊이 고민한 끝에 말했다.

"여기에서 멀지 않은 평원에 유비가 있다고 들었소. 이자는 당대의 영웅이니 만약 그의 원조를 얻어 안팎에서 협공할 수 있다면 포위를 풀 수 있을 것이오."

말로는 유비를 '당대의 영웅'이라고 추켜세웠으나 사실 공융은 유비를 업신여겼다. '공융양리孔融讓梨'라는 말이 있다. 이 이야기만 놓고 보면 공융을 겸손하고 예의 바른 사람이라고 오해하는데, 그는 거만하고 교만한 사람이었다.

공융이 열 살 때 당대의 명사 이응李膺을 만나러 갔다. 그런데 이응은 꽤나 거드름을 피우는 자라 웬만큼 이름난 자가 아니면 만나주지 않았다. 공융이 문지기에게 말했다.

"나는 이씨 가문과 대대로 친분이 있는 집안의 사람이오."

그 말에 문지기가 화들짝 놀라 곧바로 이응에게 알렸다. 이응이 나와보니 전혀 모르는 아이였다. 이응이 물었다.

"너와 내가 무슨 친분이 있단 말이냐?"

이에 공융이 답했다.

"제 선조이신 공자와 대인의 선조이신 노자께서 스승과 벗으로 교분을 나누셨으니 대인과 저는 대대로 친분을 나눈 셈 아닌지요."

이응은 어린아이의 총명함에 놀라움을 금치 못했다. 마침 옆에 있던 태중대부太中大夫 진위陳煒가 공융을 칭찬하는 말을 듣고 우스갯소리를 건넸다.

"어려서 총명하다고 커서도 꼭 총명한 것은 아니지요."

그러자 공융이 말했다.

"말씀대로라면 선생께서는 틀림없이 어렸을 때 매우 총명하셨겠습니다."

그 말에 진위는 꿀 먹은 벙어리가 되었다.

이 일화로 짐작하건대, 공융은 총명하지만 결코 겸손한 성격은 아니었다. 공융은 명문가 출신으로 어려서부터 이름을 날리고 순탄한 삶을 살았다. 그러다 보니 자연스럽게 말에 거침이 없고 안하무인이 되었다. 그런 사람이 제대로 이룬 업적도 없이 유명무실한 '한실 종친' 신분 하나로 입신양명한 유비를 존중할 턱이 없었다.

그렇다면 왜 유비를 두고 '당대의 영웅'이라고 했을까?

이는 다 관우 덕이었다. 공융이 '당대의 영웅'이라고 여기는 사람은 유비가 아니라 관우였다. 18로 연합군이 동탁을 토벌할 때 관우가 술이 식기도 전에 화웅을 죽인 기적은 공융의 머릿속에 깊이 각인됐다. 그래서 태사자가 직접 황건적을 소탕하는 쪽보다 유비에게 도움을 청하는 쪽을 선택한 것이다. 관우만 오면 황건적쯤 단숨에 쓸어버릴 수 있다는 판단이었다.

공유의 친필서신을 든 태사자는 황건적의 포위를 뚫고 유비를 만나러 갔다. 그러나 평원으로 향하는 내내 태사자는 찝찝함을 떨칠 수 없었다. 유비라는 이름조차 들어본 적 없는데 공융의 말을 들으니 그 역시 딱히 유비와 친분이 있는 것 같지도 않았다. 그런데 일면식도 없는 사람의 요청을 받아들여 귀한 병력을 내줄까?

하지만 '당대의 영웅'이라는 말에 심기를 달랬다. 태사자는 늘 자신이 '영웅'이라고 자부했다. 영웅이라면 마땅히 자신처럼 위기에 빠르게 대처하는 사람에게 서슴없이 도움을 줘야 한다. 평원에 도착한 태사자는 유비를 만나 공융의 친필서신을 건넸다. 유비는 서신을 읽고 담담히 물었다.

"그대는 누구요?"

그 물음에 태사자는 맥이 빠졌다. 공융이 말한 '당대의 영웅'이라는 유비의 태도는 한참 거리가 있었다. 그러나 유비도 나름대로 고충이 있었다.

첫째, 유비는 공융과 깊은 사이가 아니었고 서신을 왕래한 적도 없었다. 몇 년 전 반동탁연합군으로 함께 싸울 때도 공융은 유비를 곱게 보지 않았다. 그러니 이 서신이 진짜라고 어찌 확신하겠는가?

둘째, 태사자와는 생면부지 사이인데 그가 자신을 속이는 것이라면 어찌할 것인가?

셋째, 유비의 군사는 사실 공손찬의 군사였다. 함부로 출병했다가 패하면 공손찬에게 뭐라고 변명한단 말인가?

이런 유비의 머뭇거림은 태사자에게 최악의 첫인상을 남겼다. 공융이 유비를 '영웅'이라고 하기에 큰 기대를 품었는데 기대가 크면 실망도 큰 법이다. 유비의 태도는 몹시 실망스러웠다. 태사자는 일을 그르쳤다는 생각에 급히 꾀를 냈다.

"저는 동해의 일개 백성으로 공융 태수의 친지도 아니고 동향 사람도 아닙니다. 그저 공북해(공융)가 황건적에게 화를 입는 것이 분해 대신 도움을 청하러 온 것입니다. 공융 태수와 저는 대인과 일면식도 없는 사이오나 듣자니 대인께서 인자하고 의로운 분이라 위급한 이를 능히 구해 주실 것이라 하여 위험을 무릅쓰고 포위를 뚫고 달려와 도움을 청하는 것이니 잘 살펴주십시오!"

이 말에는 교묘한 설득의 비책이 숨겨져 있다. 바로 '중간 입장 전략'이다.

어떤 일에서 그 사람의 입장은 자신의 이익과 밀접한 관계가 있다. 태사자가 공융의 사자라면 공융과 완전히 같은 입장이다. 그러나 태사자는 자신을 공융과 아무 상관도 없는 제3자로 포장했다. 즉 '중간 입장'을 취한 것이다. 그러면 태사자는 자신의 이익을 위해 도움을 청하러 온 것이 아니라 오로지 '의'를 위해 용기를 낸 셈이 된다. 공융과 아무런 이해관계가 없는 제3자도 의를 위해 죽기를 무릅쓰고 도움을 청하러 왔는데 '인의'로 이름 높은 유비는 어찌해야 할까? 답이야 뻔했다.

유비도 언제 자신에게 '인의'라는 수식어가 붙었는지, 심지어 왜 그것으로 유명해졌는지 알 수 없었다. 그렇다고 저절로 붙은 좋은 수식어를 거부할 사람은 없다. 유비는 예전부터 이런 명성을 얻고자 했다. 게다가 이 말은 태사자가 이리 전하는 것으로 보아 천하에 모르는 이가 없는 공융이 직접 한 말이다. 유비는 갑자기 뜨거운 피가 끓어올랐다.

"공융 태수가 이 세상에 유비가 있음을 아시오?"

그러고는 곧바로 관우와 장비를 시켜 군사 3천을 준비해 북해로 달려갔다.

사실 공융이 자신의 노모를 돌봐준 은혜가 있으므로 태사자는 반드시 보은해야 했다. 즉, 두 사람 사이에는 이해관계가 있었다. 태사자는 거짓을 말하지 않되, 공융에게 보은해야 하는 사실을 감추고 '중간 입장'으로 포장했다. 만약 태사자가 이 사실을 곧이곧대로 말했다면 유비를 설득하기 어려웠을 것이다.

태사자는 '중간 입장 전략'으로 유비의 신뢰를 얻어 '지원 요청'이라는 막중한 임무를 완수한다. 그러나 유비가 마지막에 한 말은 '영웅답지 않음', '자신감 결여'를 고스란히 드러냈다.

태사자가 생각하는 영웅은 어떠한 강권이나 명성에도 휘둘리지 않았다. 만약 지원을 요청한 사람이 공융이 아니었거나, 공융이 천하에 이름난 명사가 아니라도 유비가 도와줬을까? 그렇지 않은 유비는 당연히 태사자가 생각하는 '영웅'에 부합하지 않았다.

유비는 인재를 끌어들이는 재주가 뛰어났다. 유비와 만난 사람 중 상당수가 그의 매력에 끌려 기꺼이 그의 수하가 되었다. 관우와 장비뿐 아니라 공손찬 밑에 있던 맹장 조운도 그러했다. 태사자도 대단한 장수였으나 특수한 상황에서 유비를 만난 탓에 좋은 인상을 남기지 못했다. 그 결과 유비는 태사자라는 훌륭한 인재를 놓치고 만다. 훗날 태사자는 손책과 무예를 겨룰 기회가 있었는데 용맹하고 뛰어난 무위를 갖춘 그에게 탄복해 결국 동오의 용장이 된다.

유비 삼형제와 태사자는 군사를 이끌고 북해로 향했다. 과연 공융의 예상대로 관우는 가볍게 관해를 쓰러뜨리고 북해의 포위를 푸는 데 성공했다.

◈ 시련을 기회로 바꾸는 역경 극복 처세술

영웅의 자질 중 '망설임'은 없다. 결단력은 매우 중요한 심적 요인이다. 결과에 대해 책임을 지겠다고 생각하면 망설일 이유가 없어진다. 혹여 최악의 결과가 초래하더라도 이를 극복할 각오가 선다면 세운 뜻대로 행하자. 망설임은 절망만 안겨줄 뿐이다.

겸손이 자신을 가장 돋보이게 한다

유비가 북해의 포위를 풀자 공융은 그를 성으로 들여 정성껏 대접했다. 북해를 지원한 일로 유비의 '인의군자' 이미지는 한층 더 강해졌다. 이후 천하는 '유비'하면 곧 인의를 떠올리게 된다.

한편 공융은 문득 서주를 떠올렸다. 북해는 평안을 찾았으나 서주는 아직 도탄에 빠져 있는데 혼자서는 조조를 막을 방도가 없었다. 그런데 용맹무쌍한 관우가 여기 있지 않은가? 그의 도움을 받아 서주를 구할 수도 있지 않을까?

공융은 도겸의 호의가 장개 때문에 조조의 복수로 이어진 상황을 설명했다. 유비가 말했다.

"도공조陶恭祖(도겸)는 참된 군자인데 뜻밖에 이토록 억울한 일을 당하셨군요."

공융은 유비가 동정만 하고 도와줄 뜻을 비치지 않자 노골적으로 요구했다.

"현덕공은 한실 종친이십니다. 지금 조조가 어질지 못하여 강함을 믿고 약자를 핍박해 도겸을 궁지로 몰고 있습니다. 성인께서는 의를 보고 행하지 않음은 용기가 없는 것이라고 하셨습니다. 공께서 저와 함께 서주를 구하러 가심이 어떻습니까?"

태사자가 북해 지원을 요청했을 때와 같은 상황이었다. 다시 한번 말하지만 유비의 군사는 공손찬이 군사 중 일부를 내어준 것이다. 따라서 유비가 공손찬에게 묻지도 않고 독단으로 북해 출병을 결정한 것도 이미 주제넘은 행동이었는데, 공융이 이 '주제넘은 짓'을 또 저지르라고 종용하니 유비로서는 망설일 수밖에 없었다. 문제는 공융의 말솜씨였다. 툭하면 경전의 글귀나 시구를 인용하고 성인의 말씀으로 찍어 누르니 거절하기가 어려웠다. 공융이 입에 올린 성인은 그의 조상인 공자였다. '의를 보고 행하지 않음은 용기가 없는 것'이라는 말은 《논어論語_위정편爲政篇》에 나온다.

유비는 잠깐 주저하다가 용기를 내 거절했다.

"제가 거절하고 싶은 것이 아니라 제가 가진 장수와 병사가 적어 가벼이 움직이기 어렵습니다."

유비도 말솜씨가 제법이었으나 하필이면 상대가 공융이었다. 이미 10살 나이에 천하의 명사를 꿀 먹은 벙어리로 만들었던 그다. 수많은 풍파를 겪으며 원숙해진 지금은 더욱 현란한 말솜씨를 자랑했다. 공융이 더 강하게 밀어붙였다.

"저도 도공조와 잘 알지 못하지만 북해의 군량을 털어 도와주려고 합니다. 현덕공은 당대의 영웅이신데 어찌 의로운 일을 하려는 마음이 없겠습니까?"

공융도 태사자와 마찬가지로 '중간 입장 전략'을 썼다. 사실 공융과 도겸은 매우 가까운 사이였으나 공융은 '잘 알지 못하는 사이'라고 했다. 그리고 태사자보다 더 직접적이고 날카로운 말로 설득했기에 유비가 느끼는 압박감은 컸다. 게다가 공융은 당시 천하에 이름난 명사였다. 이런 여러 가지 원인이 복합적으로 작용해 거절의 말이 쉽게 나오지 않았다.

결국 유비는 공융의 청을 받아들일 수밖에 없었다.

"물론 도와드려야지요. 다만 문거공文擧公(공융의 자)께서 먼저 가셔야겠습니다. 저는 공손찬을 찾아가 군사 3~5천을 더 빌려 뒤따르겠습니다."

공융은 유비가 원군을 핑계삼아 혹시라도 빠져나갈까 봐 대놓고 경고했다.

"현덕공은 신의를 저버리지 마시오!"

이는 유비를 믿지 못한다는 말이었기에 듣기에 몹시 거슬렸다. 그러나 도덕의 강한 구속력이 요행으로 빠져나갈 길을 모조리 막았다.

공융의 말에 발끈한 유비가 외쳤다.

"대인은 이 유비를 어찌 보시는 겁니까? 성인께서 말씀하시기를 자고로 사람은 모두 죽게 마련이나 신의가 없으면 바로 설 수 없다고 했습니다. 이 유비, 군사를 빌리든 못 빌리든 반드시 서주로 가겠습니다!"

공융이 자신을 업신여기는 데 분노한 유비도 홧김에 '성인'을 소환했다. 이 말도 《논어_안연편顔淵篇》에 등장한다. 다만 유비는 한 글자를 잘못 알고 있었다. 논어에 나온 말은 "자고로 사람은 모두 죽게 마련이나 백성의 믿음이 없이는 서지 못한다."였다. 책과 담쌓고 살았던 탓에 유비는 상황에 어울리지 않는 엉뚱한 말을 끌어다 쓴 것이다. 원문은 이러하다.

자공子貢이 공자에게 나라를 다스리는 법을 물었다.

공자가 답했다.

"식량을 풍족히 하고 군비를 넉넉히 하며 백성의 믿음을 얻어야 한다."

자공이 물었다.

"어쩔 수 없이 버려야 한다면 이 셋 중에 어느 것을 먼저 버려야 합니까?"

공자가 답했다.

"군비를 버려야 한다."

자공이 또 물었다.

"어쩔 수 없이 또 버려야 한다면 어느 것을 버려야 합니까?"

공자가 답했다.

"식량을 버려야 한다. 자고로 사람은 모두 죽게 마련이나 군주가 백성의 믿음이 없이는 서지 못한다."

《논어_안연편顔淵篇》 중에서

지금은 "백성의 믿음이 없이는 서지 못한다."라는 글귀를 "신의를 잃으면 발붙일 곳이 없다."라는 의미로 쓰지만 공자는 이런 뜻으로 한 말이 아니었다. 특히 공자의 직계 후손인 공융 앞에서 공자의 말을 잘못 끌어다 쓰다니 그야말로 한심하기 짝이 없었다.

공융은 틀린 점을 지적하고 싶은 마음이 굴뚝 같았지만 참았다. 어차피 유비가 맹세까지 했고 자신이 원하던 바를 이룬 마당에 난처하게 만들 필요는 없었다. 그러나 공융의 표정에서 묻어나는 경멸의 빛은 오랫동안 유비의 마음을 괴롭혔다.

유비는 원래 책과 거리를 둔 사람이었다. 그나마 노식 문하에서 조금 배운 것도 잊은 지 오래였다. 공융과 말씨름에서 크게 당한 유비는 성인의 말씀을 인용하는 것이 상류사회로 들어가는 필수 요건이며 설득력을 높이는 묘책임을 깨달았다. 그렇다고 아무렇게나 인용해서는 안 되고 정확하면서도 능수능란하게 쓸 줄 알아야 했다. 유비는 자신의 부족함을 뼈저리게 반성하고 군무로 바쁜 와중에도 틈날 때마다 《논어》를 읽었다. 유비의 노력은 끝내 빛을 발했으니 훗날 목숨이 위태로운 상황에서 그의 목숨을 건져준다.

유비는 공손찬을 만나 서주를 구원하는 일을 자세히 설명했다. 이에 공손찬이 이마를 찌푸리며 말했다.

"조조는 그대와 원수진 일이 없고 도겸은 그대의 친지도 아닌데 굳이 험한 일에 끼어들 필요가 있소?"

공손찬은 에둘러서 불만을 표시했다. 그가 유비를 평원상으로 천거(기용)한 이유는 원소에 맞서기 위해서였다. 원소가 차지한 기주는 공손찬이 다스리는 유주와 맞닿아 지난날의 전우가 철천지원수로 변한 상황이었다.

만약 유비가 군사를 이끌고 서주를 구원하러 간다면 원소가 그 틈을 노리고 쳐들어올 수도 있었다. 게다가 도겸을 도와 조조에 맞선다면 병력 손실이 불가피했다. 이는 여러모로 공손찬에게 불리했다.

유비는 공손찬의 말뜻을 이해했으나 이미 공융과 약속했기에 무를 수가 없었다. 공융은 당대의 대유학자로 천하에 이름을 떨치고 있었으니, 그런 그가 유비를 나쁘게 평가한다면 유비가 간신히 쌓은 명성이 하루아침에 무너질 수도 있었다. 유비는 한참 생각하다 말했다.

"가서 좋은 말로 설득해 싸울 일이 없게 하겠습니다."

한마디로 중재하는 것이니 병력을 잃을 일이 없다는 말이다.

공손찬은 헛웃음을 흘리며 속으로 생각했다.

'자네는 너무 순진해. 자네와 조조가 무슨 관계가 있나? 조조는 아비의 죽음에 복수하러 온 것인데 자네의 말 몇 마디에 군사를 물리겠는가?'

공손찬이 말했다.

"조조는 자기가 강한 줄 아는데 그대의 권고를 듣겠소?"

유비는 공손찬이 계속해서 반대하자 '결정적 무기'를 던져야 했다.

"제가 이미 공북해에게 약속했는데 어찌 신의를 저버린다는 말입니까?"

마음이 무르고 거절 못 하는 공손찬은 이 결정적 무기에 무너진다. 사람은 본능적으로 주변 사람을 기쁘게 해 주고 싶어 한다. 그런 의미에서 거절은 심리적 에너지를 많이 소모하는 일이다. 공손찬은 유비가 서주를 구원하러 가면 자신의 전략적 형세가 불리해질 것을 알았지만 딱 잘라 거절할 수 없었다. 결국 공손찬은 유비의 출병을 허락했다.

"현덕, 가시오. 기병과 보병 2천을 빌려 주겠소."

유비는 매우 기뻐하며 한 가지를 더 부탁했다.

"조자룡도 함께 데려가고 싶습니다."

이번에도 거절하기 난처했던 공손찬은 유비의 부탁을 들어주었다.

공손찬 같은 사람은 친구로서는 훌륭하지만 리더로서는 자질 부족이다. 자신이 손해를 입더라도 친구의 부탁을 거절하지 못하기 때문이다. 이런 사람은 피비린내가 진동하는 정치적 각축장에서 살아남기 힘들다. 이후 공손찬은 원소에게 패해 분신자살한다.

한편 유비는 곧바로 관우, 장비, 조운을 데리고 서주로 진군했다.

◈ 시련을 기회로 바꾸는 역경 극복 처세술

거절할 줄 모르면 성공하기 어렵다. 단호함을 잃지 마라. 인심 좋은 사람, 착한 사람이 되어 삶을 힘들게 끌어가는 것보다 적절하게 거절하는 편이 낫다. 합리적 이유가 있고 불가피한 상황이라면 거절이 상대를 위하는 길이다. 더불어 자신에게도 심적, 물질적 유익이 된다. 남의 사정을 다 봐주다 결국 시간이나 심리에서 자신이 손해 본다면 바보짓 아닌가.

마라톤의 출발선에 섰다면 일단 달려라

공융과 또 다른 지원군은 조조가 두려워 서주성에서 멀리 떨어진 곳에 주둔하고 있었다. 서주에 도착한 유비는 공융과 합류해 조조의 군사들을 물리치고 서주성으로 들어가는 길을 뚫었다.

도겸은 두 사람에게 잔치를 열고 정성껏 대접했다. 그 자리에서 유비를 자세히 살핀 도겸은 그의 당당한 풍채와 남다른 기개에 탄복해 미축에게 서주목의 패인牌印을 가져오라 했다. 이를 유비에게 넘겨주려 한 것이다. 유비가 기절초풍하며 물었다.

"공께서 무슨 뜻으로 이러시는지요?"

도겸이 말했다.

"지금 천하가 어지러운데 천자는 유약하고 간신들이 세도를 부리고 있소. 현덕공은 한실의 종친이시니 마땅히 사직을 바로 세우는 데 힘써야 할 것이오. 이 늙은이는 이미 예순을 넘겼고 덕이 없고 무능하니 오늘내일을 장담할 수 없소. 공은 당대의 호걸이시니 서주를 맡기에 더할 나위 없소. 내가 직접 표를 써서 천자께 올릴 테니 부디 사양치 마시오!"

유비는 아연실색했다. 바야흐로 군웅할거의 시대가 도래해 힘 있는 자들은 남의 땅을 차지하기 위해 천하에 피를 뿌리고 있는데 이 무슨 청천벽력 같은 말인가. 다시금 허위 합의 효과가 유비의 판단을 흔들었다.

'다들 남의 땅을 뺏으려고 기를 쓰는데 아무 조건 없이 그냥 땅을 주겠다고? 말도 안 되는 소리다. 틀림없이 나를 떠보려는 속셈이구나!'

유비는 황급히 바닥에 엎드리며 단호하게 거절했다.

"제가 비록 한왕조의 후예이기는 하나 공덕이 작아 지금 맡은 평원상의 자리조차 버겁습니다. 서주를 도우러 온 것은 대의를 위해서였습니다. 그런데 그런 말씀을 하시는 것은 설마 이 유비가 서주를 병탄할 마음이 있다고 의심하시기 때문입니까? 만약 제가 그런 마음을 품었다면 하늘이 돕지 않을 것입니다!"

이에 도겸이 말했다.

"현덕공, 나는 진심으로 이 서주를 그대에게 양보하려는 것이오."

유비는 계속 고개를 저으며 거절했다. 도겸이 진심으로 서주를 내줄 리가 없다고 확신했기 때문이다. 그렇다면 도겸은 왜 자발적으로 서주를 내준다고 했을까? 과연 진심일까? 아니면 유비를 떠본 것일까?

사실 이 일은 삼국시대 최대의 미스터리다. 2천 년이 지난 뒤에야 이 불가사의한 이유는 인간의 의지력에 관한 수수께끼가 풀리면서 이해된다. 의지력의 비밀을 들여다보면 이 미스터리도 쉽게 풀린다.

그러니까 도겸의 이 괴이한 행동은 내면의 의지력 고갈 때문이다.

미국 플로리다주립대학의 심리학자 로이 바우마이스터Roy Baumeister는 의지력의 극한에 관해 여러 실험을 진행했다. 바우마이스터는 피실험자에게 음식의 유혹 이겨내기, 방해 없애기, 분노 억누르기, 찬물에 손 담그기 등 자신의 의지를 수행하게 했다. 그 결과 피실험자에게 주어진 과제와 무관하게 시간이 흐름에 따라 의지력이 고갈됐다. 이를 바탕으로 바우마이스터는 인간의 의지력에는 한계가 있으며 지속적으로 특정 과제에 힘을 쏟아부으면 의지력이 고갈된다는 결론을 내렸다. 의지력이 고갈된 사람은 포기하거나 방임할 수밖에 없다.

마라톤을 처음 시작한 아마추어 선수들은 중도에 포기하는 경우가 많다. 이는 신체적으로 한계에 도달해서가 아니라 의지력이 고갈된 탓이다. 포기하는 것이 그 순간을 벗어날 가장 통쾌한 방법이기 때문이다.

도겸은 이미 예순을 넘겨 신체적으로 예전만 못했다. 병을 앓고 있으면서도 어쩔 수 없이 트랙에 오른 고령의 마라톤 선수처럼 조조의 파상공세를 가까스로 막아내고 있었다. 죽을힘을 다해 버티고는 있으나 심신이 지치고 의지력도 고갈되었다. 여기서 더 버텼다가는 제명에 죽지 못할 게 분명했다. 땅이 아무리 중해도 목숨보다 중할까.

남들이 보기에는 군침이 절로 흐르는 탐스러운 땅, 서주가 도겸에게는 한시라도 빨리 넘기고 싶은 골칫덩어리였다. 그러나 한황실에 대한 막중한 책임감 때문에 차마 다른 사람에게 넘길 수 없었다. 이러한 심리적 모순은 한층 더 그의 의지력을 갉아먹었다. 이미 끝이 보이는 상황에서 유비가 맡아주지 않는다면 도겸은 이 '마라톤'을 완주하지 못할 게 불 보듯 뻔했다. 그러던 차에 유비를 살펴보고 그럭저럭 괜찮겠다 싶어 그 짐을 유비에게 떠넘기려 한 것이다.

그렇다면 왜 아무런 친분도 없는 유비에게 맡기려 했을까? 자기 친구인 공융에게 맡길 수도 있지 않을까? 도겸의 말속에 유비를 선택한 두 가지 이유가 숨어있다.

하나는 유비가 한실 종친이고 서주는 한실의 영토다. 신분을 고려하면 유비가 서주를 책임지고 관할해야 옳다. 다른 하나는 유비가 당대의 영웅으로 능력을 고려하면 서주의 적임자였다.

이밖에 도겸이 말하지 않은 이유가 하나 더 있는데, 불원천리 서주를 구하러 온 유비의 인의를 아는 성품 때문이다. 오랜 벗인 공융이 그를 지원하러 온 것은 어찌 보면 당연한 일이다. 그러나 아무런 일면식도 없는 유비가 '의'를 행하러 온 것은 더없는 마음이다. 이 점에 감동하니 앞서 말한 두 가지 이유가 더욱 매혹적으로 보였다.

도겸도 이것이 경천동지할 일이며 서주가 발칵 뒤집혀 유비의 서주 승계를 기를 쓰고 막을 것임을 알았다. 그래서 도겸은 '서주를 넘겨받을 만하다'라는 이미지를 만들어주기 위해 '절찬'을 쏟아내며 유비를 미화시켰다. 그러나 가장 큰 장애물이 유비일 거라고는 상상도 하지 못했다.

유비는 왜 하늘에서 뚝 떨어진 행운을 거절했을까?

이 문제의 답은 공융에게서 찾아야 한다.

유비는 원래 서주의 난장판에 낄 생각이 없었다. 단지 공융이 던진 올가미에 걸려 여기까지 왔을 뿐이다. 공융은 현란한 말솜씨로 '인'과 '의'를 들먹이며 유비를 꼼짝 못 하게 하더니 "현덕공은 신의를 저버리지 마시오."라는 말로 결정타를 날렸다. 유비는 울며 겨자 먹기로 출병해야 했다. 서주성에서도 어쩔 수 없이 '인'과 '의'에 따랐다. 만약 유비가 서주를 넙죽 받는다면 손도 안 대고 코 푸는 결과가 되므로 그간 어렵사리 쌓은 '인의 군자'라는 명성은 물거품이 된다. 그러므로 도겸의 말이 진심이든 아니든 유비는 서주를 넘겨받을 수 없었다.

도겸의 호의를 거절하기 위해 유비는 자신을 낮추고 이미지를 깎아내렸다.

유비는 줄곧 자신이 '한실 종친'이라고 했고 스스럼없이 공인도 받았다. 그런데 이런 특수한 상황에서 도겸이 자신을 '한실 종친'이라고 부르자 굳이 호칭을 '한왕조의 후예'로 고쳤다. '한실 종친'과 '한왕조의 후예'는 사실 그 의미가 크게 다르지 않다. 그러나 '한왕조의 후예'는 상대적으로 먼 표현이다. 자신과 한실의 관계가 그다지 가깝지 않으므로 한실의 땅인 서주를 맡을 이유가 없다는 말이다. 그래서 자신이 어떤 직책을 맡을 신분이 아님을 강조하려고 일부러 표현을 바꾸었다. 게다가 평원상의 자리도 버겁다며 서주를 맡을 능력이 없음을 간접적으로 설명했다. 자신이 적임자가 아니라는 주장이다.

그 후 자신은 오직 대의를 위해 왔으며 서주를 넘볼 마음을 품었다면 하늘이 돕지 않을 것이라고 맹세했다. 이는 그 자리에 있던 '판사' 공융에게 들으라고 한 소리다. 부유한 사람보다는 빈한한 사람이 더 명성을 중시한다. 가난한 사람에게는 명성밖에 없기 때문이다. 일단 명예를 잃으면 더 이상 살아갈 수 없다. 유비의 상황이 딱 그러했다. 정치적 자산이랄 것도 없는데 인의조차 모르는 사람으로 취급받는다면 원대한 꿈은 영영 멀어지게 된다.

그렇게 도겸과 유비가 서주를 두고 옥신각신하자 공융의 인내심은 점점 바닥났다. 솔직히 공융도 도겸의 의중을 알 수 없었다. 그러나 자신은 조조군의 포위를 풀기 위해 온 것이지 이 촌극을 구경하러 온 것이 아니었다. 이에 공융이 나서서 중재한 덕분에 '서주 양도' 문제는 잠시 묻어두고 다시 조조군을 상대하는 문제로 돌아갔다.

유비는 먼저 조조에게 철수를 권하는 서신을 쓰자고 제안했다. 자신이 조조와 친분이 있다고 생각했기 때문이다. 반동탁 연합군 활동 중 조조는 은밀히 술과 고기를 보내 유비 삼형제와 친분을 쌓고자 했다. 이 때문에 유비는 조조가 체면을 세워 줄 거라 생각했다.

그러나 현실은 냉혹했다. 조조는 유비의 서신을 받고 노발대발했다.

"유비 제깟 놈이 뭔데 감히 군사를 물리라고 하는 것이냐!"

분기탱천해 사자를 죽이고 곧바로 성을 공격하려는데 모사 곽가郭嘉가 속삭였다.

"주공, 듣기 좋은 말로 답신을 보내 유비를 안심시키고, 방심하고 있을 때 공격하는 것이 낫지 않겠습니까?"

그 말에 조조는 곧 웃는 얼굴로 사자에게 말했다.

"나는 나와 정이 깊은 유비가 이제야 찾아온 것이 원망스러운 것이다. 기왕 서신을 보내왔으니 답신을 써주마."

그 말에 속은 사신은 유비와 조조가 친분이 깊다고 믿어 의심치 않았다. 조조가 답신을 쓰고 있을 때 급보가 날아들었다.

조조가 원정을 나온 틈에 여포가 조조의 본거지인 연주를 공격해 점령했다는 소식이었다. 조조에게 연주는 서주에 비할 바 없이 매우 중요한 땅이었다. 본거지를 잃은 상황에서 서주 공략을 이어간다면 앞뒤로 적을 맞는 꼴이었다. 선택의 여지가 없었다. 즉시 군사를 돌려 연주를 되찾아야 했다.

그러다 문득 유비가 떠올랐다. 어차피 서주를 떠나야 하는 마당에 유비에게 은혜를 베푸는 척하면 언젠가는 결초보은하지 않겠는가? 마음을 정하고 일필휘지로 편지를 써갔다. 조조는 유비의 부탁을 받아들이며 그를 한껏 치켜세웠다.

사자는 서주로 돌아가 이 기쁜 소식을 알렸다. 그야말로 하늘이 유비를 돕고 있었다. 그렇게 유비는 서주를 구하는 데 큰 공을 세우게 된다.

◈ 시련을 기회로 바꾸는 역경 극복 처세술

포기와 방종은 모두 심리적 피로에서 태어난다. 의지를 잃어버리거나 될 대로 되라는 식의 일 처리는 스스로 지쳐 있거나, 결과가 기대만큼 나오지 않을 거라는 확신, 과정에 대한 싫증에서 나온다. 이러한 스트레스는 목표에 도달하기 전에 하던 일에서 손을 털게 한다. 이 또한 자신이 만들어낸 결과이다.

자기 능력 밖의 상황엔 단호한 결단이 필요하다

도겸은 유비가 서신 한 통으로 사나운 적을 물리치자 기쁨을 감추지 못했다. 단순히 서주의 평안을 지켜서가 아니라 유비에게 서주를 넘길 명분이 확실해졌기 때문이다.

축하연에서 도겸이 다시 그 화제를 꺼냈다.

"이 늙은이는 나이가 들어 기력이 쇠했고 두 아들은 재주가 없어 나라의 중임을 맡을 수 없습니다. 현덕공은 황실의 후예이고 덕과 재주를 갖췄으니 능히 서주를 다스릴 만합니다. 그렇게 해 주시면 전 이만 자리에서 물러나 병을 돌보며 살아갈 수 있겠지요."

일전에는 너무 갑작스러워 일언지하에 도겸의 청을 거절했다. 당시 유비는 그 청을 수락하면 어찌 될 것인가에 대한 상황을 그릴 겨를도 없었다. 그러다 시간이 좀 흐른 뒤에야 자신이 천재일우의 기회를 차버렸음을 깨달았다.

유비는 천하를 동분서주했지만 다른 호걸들처럼 자신의 근거지를 마련하지 못했다. 공손찬이 잘해주기는 했으나 아직 평원상의 자리에 두었다. 유비는 그 좋은 기회를 날려버렸다고 생각했는데 다시금 하늘에서 떡이 떨어졌다.

도겸의 논리는 흠잡을 데가 없었다. 지난번에는 '일하지 않은 자 먹지도 마라'는 원칙에 따라 거절했지만 이번에는 상황이 달랐다. 유비는 조조의 손아귀에서 서주를 구해냈으므로 이 떡을 받아먹을 자격이 충분했다.

그렇다면 두 번째 요청에 유비는 어떻게 반응했을까?

"공문거孔文擧(공융)께서 서주를 구하러 오라 하여 제가 여기 온 것은 대의를 위해서였습니다. 만약 이를 이유로 제가 서주를 차지한다면 모르는 사람들이 저를 불의하다 할 것입니다."

사람은 누구나 겉과 속이 다르다. 쓸개에 붙고 간에 붙는다는 식의 말을 듣지 않으려고 앞뒤가 맞게 행동하려 애쓸 뿐이다. 거절한 지 얼마 지나지 않아 똑같은 청을 받았으니 또 거절해야 앞뒤가 맞았다. 안 그러면 처음에 거절한 것도 그런 '척'한 것으로 오해를 살 수 있다. 그러면 유비가 정성껏 쌓은 명성에 금이

간다. '언행불일치'라는 오명을 뒤집어쓰지 않으려면 몇 번 더 거절해야 옳았다.

도겸의 생각을 알고 있는 미축과 진등은 유비가 마음속 걸림돌을 치울 수 있도록 '돕기' 시작했다. 미축이 말했다.

"천하가 어지럽고 한실이 쇠약하니 공을 세울 적기입니다. 서주는 풍요롭고 호구戶口가 백만이나 됩니다. 제발 현덕공께서는 거절치 마십시오!"

유비가 말했다.

"이는 절대로 아니 될 일입니다!"

이번에는 진등이 나섰다.

"도부군陶府君(도겸)께서는 몸이 약하고 병치레가 잦아 공사를 돌보실 수 없습니다. 현덕공께서는 부디 사양치 마십시오!"

이에 유비가 말했다.

"원공로袁公路(원술)께서는 명문가 출신으로 명망이 높으시고 근처에 계시는데 어찌 그분께 서주를 부탁하지 않으십니까?"

진등이 답했다.

"원술은 교만하고 사치스러운 자로 아무 재주가 없습니다. 어찌 그런 자에게 서주를 맡길 수 있겠습니까?"

옆에서 듣기만 하던 공융은 유비가 원술을 언급하자 참지 못하고 끼어들었다.

"원공로는 무덤 속 백골에 지나지 않소. 그자가 무슨 나라와 백성을 걱정한다는 말이오? 그자는 신경 쓰지 마시오. 오늘의 일은 하늘이 그대에게 주는 크나큰 기회인데 이를 놓친다면 후회막급일 것이오!"

애초에 '인의'로 유비를 꽁꽁 묶은 사람이 공융이었다. 밧줄을 묶은 장본인이 나서서 풀어주니 이쯤 되면 유비도 받아들일 수 있지 않을까?

그러나 이번에도 유비가 거절했다.

관우와 장비는 삼형제의 오랜 꿈인 '천하 제패'를 한시도 잊은 적이 없었다. 다만 세력을 일굴 토대가 없어 그간 고생을 해왔다. 그런데 서주가 품에 들어온다니, 이는 하늘이 내린 기회가 아니겠는가! 관우는 유비가 명성과 체면에 민감함을 알고 영리한 꾀를 냈다.

"형님, 도부군께서 진심으로 말씀하시니 잠시 서주의 일을 맡아보는 건 어떤지요."

이를 보면 관우가 《춘추》를 허투루 읽지 않았다는 사실이 증명된다. 관우는 유비에게 도겸을 대신해 잠시 서주를 맡는 '임시직'을 권했다. '잠시'라는 단어에 주목해야 한다. 여기에는 수천 년 정치 모략의 오묘함이 담겼다.

'잠시'라는 말의 오묘함은 진퇴가 자유롭다는 데 있다. 권력은 취하면서 구설은 피할 수 있기 때문이다. 게다가 일단 일을 맡아 권력을 손에 쥐면 '임시직'이 '정규직'으로 바뀌는 것은 시간문제 아니겠는가?

그 말에 유비가 살짝 흔들리자 이번에는 장비가 끼어들었다.

"우리가 도공의 주군州郡을 빼앗는 것도 아니지 않습니까. 우리 형님이 사양하지 못하게 서주의 패인을 제게 주십시오."

그런데 사족으로 붙인 말이 역효과를 낸다. 장비의 우락부락한 생김새는 용감하되 꾀가 없어 흉계를 꾸미지 못하고 진실만을 말한다는 인상을 준다. 그래서 이 말은 굉장히 파괴적으로 들린다. 마치 유비가 속으로는 서주를 받고 싶어 죽겠는데 체면 때문에 사양한다는 느낌을 주기 때문이다.

유비는 벌에 쏘인 사람처럼 버럭 소리쳤다.

"너희들이 나를 불의에 빠뜨리려 하니 차라리 죽고 말겠다!"

유비가 검을 꺼내자 옆에 있던 조운이 황급히 유비의 검을 빼앗았다.

유비는 왜 고집스레 거절했을까?

놀랍게도 유비는 '척'한 것이 아니라 진심이었다.

사람은 사회 가치 기준에 따라 자신이 한 일과 그로 인해 얻는 이득의 관계를 정한다. 만약 일하지도 않고 얻거나 적게 일하고도 많이 얻으면 '과잉정당화 효과overjustification effect'로 인해 극심한 불안과 당혹감을 느낀다. 하늘에서 느닷없이 떡이 떨어졌다고 치자. 그런데 이 떡이 너무 크면 웬만한 사람은 냉큼 집어먹지 못한다.

서주는 커도 너무 큰 떡이라 '과잉정당화 효과'를 일으켰다. 유비는 자신이 서주를 구하기 위해 한 일이 이 땅을 통째로 얻을 만큼 대단하지 않다고 생각했다. 왜 그는 자신의 공을 평가절하했을까?

인간의 인지 메커니즘 중 '체험 인지'는 신체적 지각이 사고방식에 큰 영향을 미치는 것을 말한다. 이와 관련된 실험이 있다. 피실험자들은 각기 무게가 다른 워드패드를 들고 실험을 시작했다. 먼저 희귀한 외국 동전을 보여주며 워드패드에 동전의 가치를 적어보라고 했다. 그랬더니 무거운 워드패드를 든 피실험자가 가벼운 워드패드를 든 피실험자보다 확연히 더 큰 숫자를 적었다.

이어 피실험자들은 어떤 의사결정 회의에서 발언의 중요성을 판단했다. 이 회의는 피실험자의 이익과 직접적으로 연관돼 있었다. 그 결과 무거운 워드패드를 든 피실험자가 가벼운 워드패드를 든 피실험자보다 훨씬 더 진지하게 회의에 임했고 적극적으로 의견을 개진했다.

마지막으로 실험자가 제시하는 관점의 동의 여부를 물었다. 그러자 무거운 워드패드를 든 피실험자들은 자신이 동의하는 관점에 대해 더 확고한 말투로 지지했다.

이로 보아 무게에 대한 신체적 지각이 입장, 관점, 태도, 말투에 큰 영향을 미쳤음을 알 수 있다.

이제 다시 유비의 인지 판단을 살펴보자.

유비는 가벼이 팔락이는 종이 한 장으로 조조를 물리쳤다. 결과는 같다 하더라도 실제로 창칼을 맞대고 피를 흩뿌리며 적을 물리치는 것과는 신체적 지각 정도가 전혀 다르다. 만약 유비가 이 점을 고려했다면 자신의 공이 '태산처럼 크다'라고 생각했을 것이다. 그러나 서신 한 장으로 적을 물리친 것은 신기할 뿐 그 공로는 '깃털처럼 가벼워' 보였다.

그래서 유비는 공에 대한 보상으로 서주는 너무 크다고 생각했다. 게다가 '인의군자'라는 이미지를 고수해야 했기에 도겸의 제안을 거절할 수밖에 없었다.

거절만큼 탁월한 마케팅은 없다. 유비가 또 거절하자 그 자리에 있던 사람 모두 크게 감격한다. 이후 유비는 '인의군자'라는 명성과 고귀한 이미지가 널리 퍼져 만인이 우러르는 우상이 된다. 유비의 빛나는 인생은 이때부터 시작되었다.

도겸은 유비가 한사코 거절하자 이번에도 실패했다는 생각에 눈물을 흘렸다.

“현덕공, 그대가 나를 버리고 간다면 나는 죽어도 눈을 감지 못할 것이오!”

도겸이 몹시 상심하자 사람들은 유비에게 서주에 머물 것을 권했다.

도겸이 말했다.

“이 근처에 소패小沛라는 곳이 있습니다. 현덕공이 나를 가련히 여긴다면 소패에 군사를 주둔시키고 서주를 지켜주십시오!”

유비는 이 뜻밖의 제안을 흔쾌히 받아들였다.

유비가 도의道義를 위해 온 것임을 상기해 보자. 그렇다면 서주가 평안을 되찾은 지금 유비는 도의를 생각해 돌아가야 함이 맞다. 서주로 오면서 공손찬의 동의를 구하고 군사까지 빌리지 않았던가.

그런데 서주에 남는다는 것은 곧 도겸에게 의탁하는 것이니, 이는 자신을 도와준 은인 공손찬을 배신하는 짓이었다. 당연히 배은망덕하기 이를 데 없는 일이다.

방금까지만 해도 도의의 화신이었던 유비는 도의를 헌신짝처럼 버렸다.

유비는 왜 그랬을까?

◈ **시련을 기회로 바꾸는 역경 극복 처세술**

정치적 지략과 도덕적 결함은 샴쌍둥이다. 정치적 행동이라는 것은 어느 정도 위선이나 가식을 깔고 목적한 바를 이루려는 심리에서 나온다. 여기에 도덕적 기준을 들이대면 하나도 이루지 못한다. 어느 방향에서 보면 분명 어긋난 부분이 있기 때문이다. 그러기에 사회의 정의를 파먹지 않는다면 도덕적 결함이 용인되는 부분이 있다.

양심의 잔고를 비우지 마라

유비가 공손찬에서 도겸으로 갈아탄 근본적 원인은 그의 잠재의식에서 찾을 수 있다.

어려서 아버지를 여읜 탓에 생긴 고아 심리는 의지할 사람을 찾아 헤매게 했다. 반면 황제가 되겠다는 야심은 스스로 일어서라고 채찍질했다. 상반된 이 두 심리는 유비의 내면에서 평생 줄다리기했다.

공손찬을 버리고 도겸을 선택한 것은 단순히 의지할 상대를 바꾼 것이 아니다. 사람은 자신이 이미 거절한 것도 '내 것'이라고 인식한다. 그리고 자신이 원하면 언제든지 가질 수 있다고 순진하게 생각한다. 도겸의 청을 두 번이나 물린 유비도 그러했다. 게다가 연로하고 병든 도겸은 또 서주를 양보하려고 할 것이다. 그렇다면 소패에 주둔하는 것은 더없이 좋은 수였다.

하지만 결정적인 문제가 있었다. 유비는 늘 도덕적으로 완벽한 사람이 되고자 했다. 그로 인해 지금껏 그가 취한 행동은 자신을 도덕의 테두리에 가두었다. 그랬던 유비가 의탁할 대상을 바꾼 문제에 대해 자신에게 뭐라고 변명할까?

어디 유비뿐인가? 사람은 누구나 도덕적 딜레마에 빠지게 마련이다. 인류는 오랜 진화 과정에서 '도덕적으로 자기모순이 없는 메커니즘'을 형성한다. 도덕적으로 바른 일을 행한 것은 자신의 '도덕 은행'에 입금을 한 것과 같다. 반대로 옳지 않은 일을 하거나 다른 사람이 옳지 않은 일을 하도록 내버려 둔다면 '도덕 은행'에서 출금한 셈이다.

마음의 평정을 유지하려면 '도덕 계좌'에 거액의 적자가 발생하지 않도록 잔액을 잘 유지해야 한다.

일단 도덕적으로 자기모순이 없는 메커니즘이 형성되면 자연스럽게 변형된 형태가 나타난다. 어떤 사람은 '도덕 계좌'가 꽉 차면 자기도 모르게 부도덕한 일을 저지른다.

유비가 그러했다. 유비는 대의를 위해 서주를 구하고 아무런 공을 요구하지 않았다. 그래서 공손찬을 배신하고 소패에 주둔하기로 결정하면서도 부끄러움을 느끼지 않았다. 도덕은 입금과 출금이 딱 맞아떨어지는 출납부가 아니지만 그래도 좀 얄궂게 느껴진다.

유비가 남기로 결정하니 관우와 장비도 자연스레 남게 되었다. 하지만 조운은 공손찬의 군사 2천을 이끌고 유주로 떠난다. 유비는 아쉬움이 컸지만 만류할 길이 없었다.

유비는 소패에 머물면서 놀라운 사실을 알게 된다. 소패는 작은 곳이었으나 한나라의 초대 황제 유방이 태어난 곳이었고 '천고에 용이 날아오른 땅, 왕후장상의 고향'이라고 불렸다. 유방이 제후로 책봉한 18명 중 무려 10명이 소패 출신이었다. 또 한나라 승상을 역임했던 소하蕭何, 조참曹參, 주발周勃, 번쾌樊噲, 왕릉王陵도 모두 패현 사람이었다.

이처럼 신성한 장소는 긍정적인 암시를 준다. 당연히 유비도 그 영향을 받았다. '일개 평민이었던 유방도 소패를 기점으로 훌륭한 공을 세웠는데, 낸들 못 할 것인가!'라는 생각이 들었다. 유비는 운명이 자신을 소패로 이끈 것은 원대한 꿈이 실현되려는 암시로 믿었다.

유비가 소패에서 믿음을 굳히고 나라를 다스릴 방법을 강구할 때 도겸은 병약한 몸이 더는 못 버틸 것을 예감하고 미축과 진등을 불러 뒷일을 상의했다. 미축이 말했다.

"지난번에 조조가 서주에서 군사를 물린 것은 여포가 연주를 습격했기 때문입니다. 조조는 결코 서주를 가만두지 않을 것입니다. 부군께서는 이미 두 차례나 유현덕에게 양위하려 하셨습니다. 이제 부군의 병세가 위중하니 다시 그에게 부탁하심이 어떻겠습니까?"

도겸이 유비를 소패에 묶어둔 것은 원군으로 쓰기 위해서였다. 미축은 도겸의 이런 마음을 알고 있었기에 '세 번째 서주 양도'를 권했다.

그 말에 따라 도겸이 유비를 청해 다시금 서주를 양도할 뜻을 전했다. 유비는 세 번째 요청에 어떤 반응을 보였을까?

놀랍게도 유비는 또 거절했다.

유비도 서주가 좋은 땅임을 모르지 않았지만 도겸의 거듭된 청에 불쑥 의심이 들었다. 이렇게 좋은 땅을 왜 제 아들에게 물려주지 않을까? 왜 굳이 피 한 방울 섞이지 않은 남에게 넘기려고 하는 것일까?

더는 거절할 이유를 찾지 못한 유비는 질문을 던졌다.

"도부군은 두 아드님을 두셨는데 어찌 자제분에게 이 중임을 맡기지 않으십니까?"

실제로 도겸에게는 도상陶商과 도응陶應이라는 아들이 있었다.

도겸이 고개를 끄덕이더니 말했다.

"솔직히 말하자면 내 사심 때문이라오. 내 두 아들은 너무 재주가 없어 그저 시골에서 농사나 지을 깜냥이지 이 같은 중임은 맡을 인재가 못 됩니다. 이 늙은이가 죽은 뒤에도 현덕공께서 그 아이들을 잘 보살펴 주시오. 그러나 절대로 벼슬길에 오르게 해서는 아니 됩니다."

도겸이 진심으로 아들들을 아꼈음을 알 수 있다. 도겸은 서주목으로 있으면서 심신이 모두 쇠할 정도로 고생을 한 탓에 아들들은 그런 괴로운 삶에서 벗어나길 바랐다.

그제야 유비 의구심의 마지막 매듭이 풀렸다. 이번에도 거절한다면 천하에 둘도 없는 멍청이임을 자인하는 꼴이 된다. 하지만 인구가 백만이나 되는 큰 땅을 다스린 적이 없는지라 자신이 없었다.

"저 혼자서 어찌해낼 수 있겠습니까?"

도겸은 유비의 말투가 누그러진 것을 느끼고 기쁜 마음으로 말했다.

"내 수하인 미축과 진등은 훌륭한 인재라오. 그리고 한 사람을 더 천거하리다. 북해사람으로 성은 손孫 이름은 건乾인데 능히 그대의 손발이 되어줄 것이오."

말을 마친 도겸은 급히 손건을 불러와 유비와 대면시켰다. 그리고 기력이 다한 도겸은 세상에 작별을 고했다.

유비는 단숨에 서주의 주인이 되어 '고위 관료'로서의 첫발을 내디뎠다. 한나라는 총 13개 주로 나뉘어 있었기에 주목州牧을 맡을 사람은 겨우 13명뿐이었다. 이제 유비는 천하의 한 귀퉁이씩을 차지하고 있는 원소, 원술, 조조, 공손찬 등과 어깨를 나란히 할 수 있게 되었다.

이때 유비의 나이 서른다섯이었다. 11년 전 스물네 살의 유비는 관우, 장비와 함께 참군해 황건적을 소탕하면서 천하 제패의 길에 들어섰다. 비록 과정이 순탄치는 않았으나 겨우 11년 만에 '주목'의 자리에 오른 것은 대단한 성취다. 총명하고 지략이 뛰어난 사람이 평생 사력을 다해도 오르기 어려운 자리였다. 물론 원소와 조조 등 다른 사람에 비하면 많이 늦었다고 볼 수 있다. 그러나 유비는 아무런 뒷배 없이 밑바닥에서 시작해 온전히 자신의 힘으로 이 자리에 올랐다.

유비는 어린 시절부터 황제를 꿈꿨다. 그 꿈에 비하면 주목은 첫걸음에 불과했다. 그럼에도 이 뜻밖의 행운 덕분에 희망찬 미래를 확신했다. 여기서 고삐를 늦추지 않고 박차를 가해야 한다고 다짐했다.

그러나 운명은 툭하면 농간을 부린다. 잠시 구름 위를 걷게 하되 순풍에 돛 단 듯 흘러가게 두지 않는다. 더 높이 띄우는 것은 떨어뜨릴 때 더 큰 타격을 입히기 위함이다. 천국과 지옥을

오가는 오르내림을 견딜 강심장이 몇이나 있을까? 진정한 영웅만이 역경을 뚫고 승리를 쟁취할 수 있다.

유비도 시련을 겪을까? 유비는 진정한 영웅이 될 수 있을까?

기쁜 와중에 유비는 행운이 찾아온 이유를 생각했다. 자신이 서주를 구하러 온 일은 서주를 얻은 것에 비하면 참으로 별것 아닌 일이었다. 보잘것없는 일을 하고도 대단한 보상을 받았다. 그렇다면 이런 일을 자주 하면 좋지 않을까?

그래서 유비는 "선한 일이 작다고 행하지 않아서는 아니 된다."라는 결론을 내렸다. 이는 독우를 매질하고 내린 "악한 일이 작다고 행해서는 아니 된다."라는 결론과 연결해 유비가 평생 신봉한 신조가 된다.

◈ 시련을 기회로 바꾸는 역경 극복 처세술

도덕 자산을 함부로 쓰지 마라. 도덕 잔고가 비지 않게 경계하라. 양심에서 벗어난 행동은 신의를 잃어버리는 지름길이다. 선한 일만 하며 살 수 없는 일이지만 다른 사람에게 피해를 주면서 자신의 이득을 취해서도 안 된다. 보다 대의적 차원에서 자신의 이익을 포기할 줄도 알아야 한다.

호의는 함부로 받아서도 안 되고 주어서도 안 된다

유비가 서주목이 된 지 얼마 안 돼 빚쟁이가 찾아왔다. 바로 여포였다.

조조는 서주에서 물린 군사로 여포를 격파했다. 막다른 길에 몰린 여포에게 부하 진궁陳宮이 계책을 내놓았다.

"저희가 연주를 공격하니 조조가 군사를 물릴 수밖에 없었고 그 덕에 유비가 서주를 얻었습니다. 그러니 유비에게 몸을 의탁하는 것이 어떨지요?"

생각해 보니 그 말이 옳았다.

'내가 아니었으면 유비가 어찌 서주를 얻었겠는가? 마땅히 그를 찾아가야지!'

여포는 서주로 향했다.

유비는 여포가 의탁하러 왔다는 말에 매우 기뻐했다.

"여봉선呂奉先(여포)은 당금當今의 영웅이니 성 밖에 나가 맞아야 한다!"

이에 미축이 황급히 말렸다.

"여포는 호랑이나 이리 같은 자이니 절대 받아주지 마십시오. 만약 그를 들이시면 사람들을 다치게 할 것입니다."

이때 미축은 '기본적 귀인 오류fundamental attribution error'의 우를 범한다.

귀인은 내부 귀인과 외부 귀인으로 나뉜다. 내부 귀인은 행동의 원인을 성격 특질 등 내적 요소에서 찾고, 외적 귀인은 외부 환경에서 찾는다. 사람은 타인을 판단할 때 외부 환경의 영향을 간과하고 내적 요소를 과대평가하는 경향이 있다. 이를 기본적 귀인 오류라 한다.

미축은 여포를 '호랑이나 이리 같은 자'라고 불렀다. 이는 여포의 성격 특질을 말한다. 여포는 양아버지 정원丁原을 죽이고 동탁에게 의탁해 그를 양아버지로 모셨다. 그랬다가 동탁마저 죽이고 왕윤에게 붙었다. 두 양아버지를 모두 죽였으나 그 이유는 각기 달랐다.

정원을 죽인 것은 사리사욕에 눈이 어두워 의리를 저버린 행위였지만 동탁을 죽인 것은 대의를 위해 가족을 죽인 행위였다. 이 과정에서 외부 환경이 많은 영향을 미쳤다. 그러나 기본적 귀인 오류에 빠진 사람들은 여포를 '아버지를 죽인 패륜아'로 여겼다. 그 꼬리표 탓에 여포가 원술, 원소를 찾아갔을 때 거절당하고 경계의 대상이 되었다. 천하에 여포를 반기는 사람은 아무도 없었다.

미축의 간언은 여포를 바라보는 보편적 인식과 일치한다. 그러나 유비는 여포를 감쌌다.

"여포가 연주를 습격하지 않았다면 어찌 서주의 평안을 지킬 수 있었겠소? 어디 들이기만 하겠소? 설령 그가 서주를 달라고 해도 내줘야 할 것이오."

미축과 사람들은 유비의 단호한 태도에 더 말리지 못했다. 유비는 직접 병사 수천을 이끌고 여포를 맞이하러 성 밖 30리까지 나갔다.

유비는 일단 결정하면 남의 말을 듣지 않고 자기 뜻대로 강행했다. 그의 행보를 보면 중요한 순간에 이런 특질을 드러낸 경우를 심심치 않게 확인할 수 있다. 사실 이는 성공한 사람에게서 보이는 자질이지만 만사 과유불급이라 지나치면 오히려 화를 부른다.

그런데 왜 유비는 남들처럼 '기본적 귀인 오류'에 빠지지 않았을까?

이때의 유비는 첫 성공으로 인해 자신감이 비대해진 상태였다. 괄목할 만한 성공은 자존감을 끌어올려 자신감을 키우고 본인의 매력과 통제력을 과대평가하게 만든다. 특히 막 성공을 거둔 이후라면 이 같은 심리가 두드러진다.

처음으로 막강한 권력을 쥔 유비는 저 잘난 맛에 취했다. 그런 와중에 여포가 의탁하러 오니 자신감이 차오른 것이다.

여포는 유비보다 훨씬 일찍 두각을 나타냈다. 유비가 곤궁한 처지일 때 여포는 이미 높은 자리에 올라 이름을 떨치고 있었다. 여포는 동탁의 수하로 들어갔을 때 이미 중랑장에 임명되고 도정후에 봉해졌다. 동탁을 죽인 뒤에는 분무장군奮武將軍, 가절假節에 봉해졌다. 삼사三司(사마, 사도, 사공을 말함)와 같은 예우를 받았으며 온후溫侯로 봉해져 왕윤과 함께 조정을 장악했다.

여포는 불세출의 맹장이었다. 호로관에서 관우와 장비 두 사람이 덤볐는데도 여포를 쓰러뜨리지 못했다. 그러나 이때 유비 자신이 아우들의 발목을 잡았다는 사실을 모르고, 오히려 자기 덕분에 두 아우가 살았다고 생각했다. 유비의 이런 인식은 여포의 가치를 과대평가하는 쪽으로 흘러갔다. 즉, 관우와 장비를 합친 것보다도 여포가 대단하다고 여긴 것이다.

지위가 높고 실력이 뛰어난 호걸이 의탁하러 온다는데 어찌 기쁘지 않겠는가. 이는 천하가 자신을 우러르고 있다는 뜻이었다. 이 같은 생각으로 유비는 장밋빛 미래에 대한 믿음을 굳혔다. 여포를 얻는 것은 호랑이 등에 날개를 다는 격이었다. 남들은 어쩌지 못하는 맹장이지만 하늘의 뜻이 나에게 있고 민심이 나에게 모이니, 덕과 재주를 겸비한 내가 여포 하나 다루지 못할 것인가.

유비가 열과 성을 다해 여포를 환대한 것은 자신에게 갈채를 보낸 것이다. 열 길 물속보다 가늠하기 어려운 게 한 길 사람 마음이니, 주변 사람들이 이런 유비의 본심을 알 리 없었다. 그래서 유비의 결정에 따라 어쩔 수 없이 성 밖으로 향했다.

유비를 만난 여포는 그의 본심을 모르고 말했다.

"동탁을 죽이고 이각과 곽사의 난을 만나는 바람에 관동을 떠돌게 되었소. 원소와 원술을 찾아가 보았으나 나를 용납하지 못했소. 지난번에 사군께서 힘써 서주를 구원할 때 나는 연주를 습격했으나 뜻밖에 도리어 조조에게 당하고 말았소. 이제 사군께 의탁하러 왔는데 존의尊意가 어떠한지 모르겠소이다."

얼핏 들으면 겸손하게 들리지만 날카로운 칼날을 감춘 말이다. 은근슬쩍 공로를 과시해 은혜를 입은 당사자인 유비의 마음을 흔드는 한편 죄책감을 심어 결국 자신을 받아들이게 할 속셈이었다.

아니나 다를까 유비가 미안한 기색을 감추지 못하며 말했다.

"도사군께서 근래에 귀천하시어 서주를 돌볼 사람이 없어 제가 서주의 일을 잠시 맡아보고 있습니다. 다행히 장군께서 서주에 오셨으니, 서주를 장군께 양보함이 옳을 듯합니다."

그렇게 말하며 유비는 허리에 매둔 서주 인신印信을 풀어주려고 했다.

물론 진심으로 서주를 양도할 뜻은 없었다. 이 정도 해야 여포가 부담감 때문에 수락하지 못할 줄 알고 한 행동이었다. 그런데 여포가 그 인신을 받으려 할 거라곤 꿈에도 생각지 못했다. 이제 판은 깔아놨으니 서주를 도운 셈이 된 여포를 정성껏 대접해 나름의 보상만 해주면 된다고 생각했다.

하지만 여포에게는 '과잉정당화 효과'가 힘을 쓰지 못했다. 사람마다 '정도'에 대한 생각이 다름을 유비는 생각지 못했다. 유비는 과잉, 즉 '정도가 지나치다'라는 기준이 여포에게는 전혀 지나치지 않았다. 여포가 인신을 받기 위해 손을 뻗은 것은 잠재의식의 발로였다. 하지만 유비 뒤에 선 관우와 장비가 두 눈을 부라리며 칼집에 손을 얹는 것을 보고 곧 정신을 차렸다.

여포는 억지웃음을 지으며 말했다.

"이 여포는 힘만 쓰는 사람인데 어찌 서주목의 자리를 맡을 수 있겠소?"

유비가 다시 겸양하자 진궁이 옆에서 말했다.

"강한 객이 어찌 주인을 핍박하겠습니까? 유사군, 저희에게 딴마음이 있다고 의심하지 마십시오!"

그제야 유비는 더 권하지 않고 잔치를 벌여 여포를 정성껏 대접했다.

이튿날, 여포는 답례로 유비를 초청했다. 관우와 장비는 유비에게 조심하라 일렀다. 그런데 유비의 생각은 달랐다.

"내가 선의로 대하면 상대도 나를 저버리지 않는다."

유비는 여포를 거두는 선행을 하면서 따로 대가를 바라지 않았다. 그저 여포를 굴러온 호박으로 여겼지만 사실은 머리 검은 짐승을 거둔 꼴이었다.

유비는 관우와 장비를 데리고 연회에 참석했다. 한참 술잔을 기울이던 중 갑자기 여포가 유비를 후당 침소로 청해 자기 아내와 딸을 불러 예를 올리게 했다. 유비와 사적으로 더 끈끈한 사이가 되고자 함이었다. 유비가 거듭 사양하자 여포가 말했다.

"현덕 아우는 예를 받으셔도 됩니다."

여포는 유비보다 연장자였고 그보다 먼저 세상의 주목을 받았다. 그래서 '아우'라고 부르며 '친족 호칭 효과'를 노린 것이다.

하지만 옆에서 듣고 있던 장비의 생각은 달랐다.

검까지 빼든 장비가 노발대발했다.

"뭐라고! 어찌 감히 네깟 노비 놈이 우리 형님을 아우라 칭하느냐! 나와라! 내 너와 사생결단을 낼 것이다!"

장비의 호통은 매섭기 그지없었다. 장비의 대갈일성에 여포의 아내와 딸은 사색이 되었고 유비는 난처해 어쩔 줄 몰라 했다. 유비는 여포와 친분을 다져 자신을 돕게 할 생각이었는데 장비가 끼어들어 일을 망쳐버린 것이다. 서둘러 관우에게 장비를 끌어내라 시키고 여포에게 거듭 사과했으나 다들 언짢은 상태로 연회가 마무리되었다.

장비는 왜 그랬을까?

여포에 대한 본능적인 질투심 때문이었다. 장비는 용맹하기로 둘째가라면 서러운 인물이다. 그런데 호로관에서 여포와 겨룰 때 장비는 도저히 그를 이길 수 없었다. 서로 다른 진영에 있을 때는 신경이 쓰이지 않았지만, 여포가 유비에게 의탁한 이상 장비의 용맹함은 퇴색될 수밖에 없었다.

남이 내 개성이나 재능의 독특성을 위태롭게 하면 그에게 강한 편견을 갖게 되는 것을 '독특성 충격'이라 한다. 그런데 여포가 유비의 수하 자리를 거부하고 호형호제하려고 했다. 이는 장비의 독특성에 더 큰 타격을 입혔다. 유비 진영에서 유비와 호형호제할 수 있는 사람은 관우와 장비뿐이었다. 여포가 유비를 아우라고 부르며 형제가 되려 하는 것은 유비와의 관계에서 장비가 가진 독특성을 빼앗는 셈이었다. 어디 그뿐이랴. 여포는 연장자라는 이유로 유비보다 위에 서려고 했다. 이를 관우와 장비가 참을 수 있겠는가!

유비는 이 난장판을 어떻게 수습해야 할까?

◈ 시련을 기회로 바꾸는 역경 극복 처세술

나의 성패와 귀천을 알려면 남을 보라. 자신이 보고 있는 사람은 자신의 거울이다. 심리적으로 자신이 모방하고 싶거나 본받고 싶은 사람을 보게 된다. 그러기에 자신이 보고 있는 상대의 말투와 행동은 자신과 직결된다. 그 가치관까지. 자신을 객관적으로 평가할 수 없거든 만나고 있는 사람을 주시해 보자.

이익이 보이면
동지가 적으로 변한다

유비는 여포를 곁에 두고자 했으나 장비가 난장을 피운 마당에 아무 일도 없던 것처럼 지낼 수는 없었다. 유비는 여포를 달래 군사를 데리고 소패로 가게 했다.

그 결과 여포는 유비의 통제를 벗어나게 되었다. 이는 유비를 해칠 사변의 화근이 되었다. 그러고 보면 "악한 일이 작다고 행해서는 아니 된다."라는 유비의 믿음은 꽤 일리가 있다. 장비가 홧김에 내지른 말 때문에 넝쿨째 굴러온 '여포'를 잃었으니 말이다.

한편 조조는 유비가 서주를 거저 얻었다는 소식에 분기탱천하여 서주를 치려 했다. 그러자 순욱荀彧이 황건 잔당을 먼저 소탕하자며 말렸다. 과연 조조는 인물이었다. 그는 전략적으로 순욱의 의견이 옳다고 여겨 속으로 분을 삭였다. 조조의 선택은 옳았다. 여남汝南, 영천潁川을 함락시킨 조조는 그 여세를 몰아 한헌제를 손에 넣고 허창許昌으로 천도한다. 이때부터 조조는 조정을 휘어잡고 '협천자이령제후挾天子以令諸侯(천자를 끼고 제후를 호령하는 독보적인 자리)'에 오른다.

큰일이 일단락된 뒤, 조조는 여포가 유비에게 의탁했다는 소식에 다시 서주를 떠올린다. 조조는 문무백관을 불러들였다. 이때 허저許褚가 출병해서 토벌하자고 했지만 순욱은 한헌제를 이용하자고 했다.

조조는 순욱의 뜻을 이해하고 한헌제의 이름으로 유비를 진동장군鎮東將軍, 의성정후宜城亭侯에 봉하고 정식으로 서주목에 임명했다. 하늘에서 떨어진 복이었다. 지금까지 유비가 쓴 서주목이라는 감투는 도겸이 사적으로 넘긴 것이었다. 그런데 이제 황제의 조서까지 받은 유비는 명실상부한 서주목이 되었다. 게다가 진동장군이라는 호칭과 의성정후라는 작위까지 받았다. 이로써 유비는 자신의 선조인 육성후 유정이 거둔 업적을 뛰어넘었다.

조조의 입장에서는 처음으로 '천자를 끼고 제후를 호령한' 사례였다. 조조는 유비가 이익을 다 취하고도 누구에게서 얻었는지 모를까 봐 특별히 사자를 보내 전후 사정을 알렸다. 유비를 만난 사자가 정중하게 말했다.

"이는 모두 조장군께서 황제에게 사군을 힘껏 천거한 덕분입니다."

조조가 유비에게 이처럼 은혜를 베푼 것은 자기 대신 적을 해치울 칼로 쓰기 위함이었다. 유비가 사의를 표하니 사자가 조조의 밀서를 전했다. 밀서에는 그런 조조의 의도가 분명히 담겨 있었다. 여포를 죽이라고 한 것이다.

유비는 여포를 죽이고 싶지 않았다. 유비는 자신의 명성을 생각해 측근들의 반대에도 불구하고 여포를 받아들였는데, 조조의 은혜를 입자마자 여포를 죽인다면 사리사욕에 눈이 어두워 의리를 저버린 패륜아 여포와 다를 게 무어란 말인가?

그러나 지금의 조조는 옛날의 조조가 아니었다. 막강한 힘을 가진 그를 거스르는 것은 어리석은 짓이었다. 진퇴양난에 빠진 유비는 수하들을 불러 대책을 논의했다. 장비는 유비의 말을 듣자마자 한껏 신이 났다.

"여포는 덕이 없는 소인배이니 어서 죽입시다."

그 말에 유비가 싸늘한 시선을 던졌다.

"그는 궁지에 몰려 나를 찾아온 것이다. 한데 내가 그를 죽인다면 큰 불의가 아니겠느냐!"

유비가 '불의'라는 말을 뱉으니 더는 반박할 수 없었다. 결국 회의는 아무 결론을 내지 못하고 끝났다.

이튿날, 여포가 유비의 책봉을 축하한다며 찾아왔다. 여포는 마냥 어리석은 자는 아니었다. 이 상황에 유비를 찾아온 것은 돌아가는 사정을 주워듣기 위해서였다.

그런데 여포가 문에 들어서자마자 장비가 칼을 빼 들고 여포를 죽이려 했다. 유비가 황급히 장비를 막아섰다. 여포가 놀라 물었다.

"익덕, 그대는 어찌하여 나만 보면 죽이려 하는가?"

장비가 외쳤다.

"조조가 너를 불의한 인간이라면서 우리 형님께 너를 죽이라 했다!"

장비가 사실을 까발렸으니 유비도 다른 도리가 없었다. 유비는 장비를 꾸짖어 내쫓은 후 여포를 후당으로 청해 조조의 밀서를 보여주었다.

"이는 역적 조조놈이 우리 사이를 갈라놓으려고 함이오."

유비가 단호하게 말했다.

"걱정하지 마십시오. 이 유비는 결코 그럴 뜻이 없습니다."

여포는 유비와 헤어져 소패로 돌아갔다. 유비가 결코 나쁜 마음을 품지 않겠다고 했으나 장비가 연거푸 자신을 죽이려 하니 여포는 걱정이 되었다.

여포가 떠난 뒤, 관우와 장비가 찾아와 여포를 죽이지 않은 까닭을 유비에게 물었다.

"조조는 나와 여포가 싸워 서로 죽고 죽이는 것을 구경할 속셈이다. 그의 농간에 넘어가야 하겠느냐?"

관우는 유비의 말에 고개를 끄덕였으나 장비는 한사코 여포를 죽이고자 했다.

결론을 내린 유비는 '천천히 하겠다'라는 답신을 조조에게 보냈다.

조조는 계책이 실패하자 또 다른 계책을 꾸몄다. 이번에는 유비의 약점을 노렸다.

'내가 보낸 밀서는 모른 척할 수 있을지 몰라도 한실 종친의 몸으로, 그것도 책봉된 지 얼마 되지도 않은 상황에서 황제의 말을 무시할 수는 없겠지?'

조조는 황제의 명조明詔(명철한 조서)로 유비에게 원술을 토벌하라 명하고, 원술에게도 사람을 보내 유비가 먼저 그를 토벌하겠다는 표를 올렸다고 알렸다.

유비와 여포 사이를 갈라놓지 못했으니 유비와 원술이라도 갈라놓을 셈이었다.

천자의 명을 받은 유비는 뜻밖에도 흔쾌히 받아들였다. 조조의 계략에 걸려든 게 아니라 두 가지가 유비의 뜻과 일치했기 때문이다.

하나는 유비가 천하 사람 중 가장 증오하는 자가 원술이었다. 원술은 고귀한 신분을 앞세워 미천한 유비를 업신여겼다. 동탁을 토벌하는 과정에서 원술은 수없이 망언을 퍼부으며 유비 삼형제를 모욕했다. 다른 하나는 원술이 차지한 남양南陽이 서주와 맞닿아 있었다. 천자의 명조가 없더라도 둘은 조만간 부딪칠 수밖에 없었다. 그렇다면 천자의 이름을 빌려 출병의 명분을 얻는 것이 현명하지 않겠는가? 그래서 유비는 조조의 간계임을 알면서도 기꺼이 '속아주기'로 했다.

출정에 앞서 본진의 안전을 확보하는 것이 급선무였다. 유비가 물었다.

"누가 성을 지키겠느냐?"

당연히 관우가 나섰다.

"제가 지키겠습니다."

유비는 근래 장비가 보인 어리석은 행동을 고려하면 관우를 데리고 출정하는 게 낫다고 판단했다. 만일의 경우 의논할 상대로도 관우가 적합했다. 유비가 말했다.

"내가 이제 아침저녁으로 너와 군의 큰일을 상의해야 하는데 어찌 떨어질 수 있겠느냐?"

그러자 장비가 말을 받았다.

"그럼 제가 성을 지키겠습니다."

유비가 말했다.

"너는 성을 지킬 수 없을 것이다. 첫째, 너는 술을 마시면 자제력을 잃어 병졸들을 함부로 매질한다. 둘째, 충고를 듣지 않고 네 마음대로 행동한다. 그러니 마음을 놓을 수가 없구나."

유비는 사실 에둘러 여포의 일을 꾸짖고 있었다. 술 마시고 사고 치기, 독불장군 행세하기는 어제오늘 일이 아니라 장비의 고질병이었다. 그런데 여태 아무 말 없다가 이때 거론한 것은 여포를 한 편으로 끌어들이려던 유비의 계획을 장비가 망쳤기 때문이다. 장비가 얼굴을 붉히며 다급히 말했다.

"저는 오늘부터 술도 마시지 않고 병사들도 때리지 않겠습니다. 남의 말도 잘 듣겠습니다."

유비가 코웃음을 쳤다.

"네가 그럴 수만 있다면 내가 이리 걱정하지도 않을 것이다."

미축이 한마디 덧붙였다.

"말과 마음이 다를까 염려스럽습니다."

장비가 버럭 성을 냈다.

"내가 오랫동안 형님을 따르면서 믿음을 저버린 적이 없거늘, 너는 어찌 나를 두고 그리 말하느냐?"

장비가 남의 말을 전혀 귀담아듣지 않는 못된 습성이 그대로 드러났지만 강하게 나온 덕분에 설득력은 커졌다. 순간 위축된 미축은 아무 반박도 하지 못했다.

잠깐 생각하던 유비가 말했다.

"네 성정을 모르는 바가 아니다. 그래도 마음을 놓을 수가 없구나. 이렇게 하자. 진원룡陳元龍(진등)이 군사가 되어 장비를 단속해 주시오. 아침저녁으로 술을 못 마시게 하고 일을 그르치지 않게 해야 하오."

그렇게 뒷일을 당부한 유비는 관우와 군사 3만을 이끌고 남양으로 출발했다. 유비는 자신이 얼마나 큰 실수를 저질렀는지 꿈에도 생각지 못했다. 장비와 여포는 이미 여러 번 갈등을 겪어 서로 용납할 수 없었다. 유비가 있을 때는 그나마 참을 수 있었지만 유비가 없는 상황에서 누가 장비를 말릴 수 있겠는가? 유비가 장비에게 성을 맡긴 것은 자기 집 뒤뜰에 시한폭탄을 묻은 것이나 다름없었다.

아니나 다를까, 유비가 전선에서 원술과 대치하고 있을 때 이 시한폭탄이 터지고 만다. 유비가 어렵사리 마련한 이 기틀은 폭발과 함께 산산조각이 났다. 십수 년 죽기 살기로 노력했건만 하룻밤 사이에 십수 년 전으로 돌아가 버렸다.

◈ **시련을 기회로 바꾸는 역경 극복 처세술**

이득이 없으면 일찍 일어날 까닭이 없는 것처럼 이득이 없으면 칼이 될 이유가 없다. 어떤 동기가 있어야 행동하게 된다는 의미이다. 자신이 무엇을 원하는지, 어떤 일에서 승부를 보고 싶은지 따져보면 무슨 일을 해야 하는지 알게 된다. 하나의 결정이 당신을 움직이게 한다.

의리를 나눈 형제는 진정한 응원군이다

유비와 관우가 떠난 뒤 장비가 정식으로 서주를 맡았다.

장비는 '금주' 약속을 떠올렸다. '금주'가 언제 풀릴지 모르니 술 생각이 더욱 간절했다. 고심 끝에 장비는 황당한 결정을 내렸다. 아직 큰일이 일어나지 않은 지금, 술 생각이 쏙 들어갈 만큼 코가 삐뚤어지도록 마시고 유비가 돌아올 때까지 금주하기로 생각했다.

장비는 모든 관원을 모아 큰 연회를 베풀었다.

"오늘 다 같이 진탕 마시고 내일부터 술을 끊읍시다!"

누구든 어떤 권리가 박탈된다고 하면 그전에 마음껏 즐기려고 한다. 그러나 생각해 보면 언제나 바로 이 지점에서 큰 사달

이 났다.

장비는 다들 거나하게 취해 유비 몰래 술을 마신 죄책감을 덜기를 바랐다. 그런데 그 자리에 있던 조표曹豹는 술을 못 했다. 장비는 이를 용납하지 않고 억지로 술을 먹이려 했다. 여기서 그치지 않고 조표가 끝내 거부하자 심하게 매질을 가했다. 분통이 터진 조표는 그날 밤 여포에게 사람을 보내 장비가 만취한 틈에 성을 빼앗으라고 부추겼다.

여포는 장비에게 당한 모욕이 한두 번이 아닌지라 이를 갈고 있었다. 그런데 마침 천재일우의 기회가 찾아왔으니 어찌 그냥 넘어가겠는가?

여포는 환한 달빛과 조표의 호응에 힘입어 손쉽게 서주에 입성했다.

술기운이 가시지 않은 장비는 여포에게 대적 한 번 제대로 못했다. 장비는 기병 수십을 이끌고 겨우 성을 빠져나와 유비를 찾아갔다. 유비의 식솔까지 신경 쓸 여력이 전혀 없었다.

장비는 괴롭고 불안한 표정으로 유비에게 자초지종을 설명했다. 그 말을 들은 사람들은 모두 대경실색했다. 그리고 유비의 마음은 도리어 더 무겁게 가라앉았다. 사람들이 모두 장비의 어리석음을 비난할 때 유비는 자신의 어리석음을 더 용서할 수 없었다.

유비는 장비와 여포가 서로 으르렁대는 걸 이미 알고 있었고, 장비가 수성에 적합한 인물이 아님도 알았다. 그런데도 그에게 성을 맡겼다. 장비에게 성을 맡겼으면 여포를 데리고 출정했어야 옳았다. 그러면 원술을 치는 데 여포의 힘을 빌리면서 장비와 충돌도 막을 수 있었다. 조금만 더 생각했다면 '꿩 먹고 알 먹는' 방법을 찾았을 텐데 유비는 이를 간과하고 말았다. 그러니 서주를 잃은 게 장비를 탓할 일이 아니라 자신의 지도력을 탓해야 할 일이었다.

유비는 스스로 못마땅하고 후회스러워 한탄이 나왔다.

"얻었다고 어찌 기뻐하기만 하고 잃었다고 어찌 근심하기만 하겠는가!"

유비의 지혜로움이 드러나는 말이다.

서주는 이미 여포의 손에 넘어갔고 장비를 갈기갈기 찢어 죽인다 한들 되찾을 수 없다.

'기본적 귀인 오류'에 따라 장비에게 모든 책임을 지우고 중벌을 내리더라도 언젠가는 유비에게도 책임이 있음을 모두 알게 될 것이다. 그렇다면 차라리 괴로운 현실을 받아들이고 누구도 탓하지 않는 편이 낫다.

유비가 이토록 시원스레 생각한 데는 서주를 너무 쉽게 얻은 탓도 있다. 만약 유비 삼형제가 오랜 세월 피비린내 나는 전투를 치르고 천신만고 끝에 겨우 얻은 땅이었다면, 결코 초연하게 받아들이지 못했을 것이다.

그러나 관우는 어물쩍 넘길 수가 없었다. 이것이 단순히 서주의 득실이 문제가 아니었기 때문이다. 관우는 노기충천해 물었다.

"형수님은 어디 계시냐?"

그 말에 장비가 더욱 고개를 떨구며 대답했다.

"모두 성 안에 계십니다."

유비는 가슴이 철렁 내려앉았다. 관우는 분을 참지 못하고 외쳤다.

"네가 당초 성을 지킨다고 했을 때 뭐라 했느냐? 형님께서 너에게 뭐라 분부하시더냐? 이제 성도 잃고 형수님도 적의 수중에 떨어져 네 죽음으로도 되돌릴 수 없는 지경인데 무슨 낯으로 형님을 뵈러 왔느냐!"

관우의 말이 끝나자마자 장비는 칼을 뽑아 스스로 목을 베려했다.

이날 관우는 의분에 차 장비를 몰아세웠다. 그러나 훗날 장비와 관우가 조조에게 패해 헤어졌다 재회했을 때, 장비도 의분을 주체하지 못하고 조조에게 항복한 관우를 몰아세웠다.

한편 유비는 장비가 스스로 목을 베려는 것을 보고 퍼뜩 정신이 들었다. 서주를 잃은 마당에 용맹한 아우까지 잃는다면 그야말로 손해가 막심할 터였다. 게다가 자신의 책임도 적지 않은데 장비만 목숨을 내놓게 할 수는 없었다.

그러나 관우의 지적은 도의적인 입장에서 타당했다. 만약 유비가 이 갈등을 합리적으로 해결하지 못하면 관우는 마음이 상할 것이고 조직 내에 무책임한 풍조가 생길 수 있었다. 그 꼴은 절대 두고 볼 수 없는 일이다.

유비가 장비의 칼을 빼앗으며 외쳤다.

"옛사람이 말하기를 형제는 수족과 같고 처자는 의복과 같다고 했다. 의복이야 찢어져도 기울 수 있으나 수족이 잘리면 어찌 다시 잇는단 말이냐! 우리 세 사람이 도원에서 결의할 때 한날한시에 태어나기를 바랄 수는 없었으나 한날한시에 죽기를 바란다고 맹세했다. 이제 비록 성과 가족을 잃었지만 어찌 형제를 중도에 죽게 할 수 있겠냐? 여포가 내 식솔을 데리고 있으나 구해낼 방법을 알아내면 된다. 현제賢弟가 일시의 잘못을 저지른 것이 어찌 목숨을 버릴 만한 일이겠는가!"

유비가 "형제는 수족과 같고 처자는 의복과 같다."라는 말을 옛사람이 한 말이라고 했지만 실은 유비가 지어낸 말이다. 그가 입만 열면 '성인이 말씀하시기를' 운운하는 것은 공융에게서 배운 수법이다. 그런데 성인 중에는 이런 말을 한 사람이 없었기에 부득이 '옛사람'을 끌어들였다. 이렇게 하면 설득력이 커지고 하늘만 아는 그 '옛사람'에게 이 기괴한 행동의 책임을 떠넘길 수 있었다.

유비가 배움은 얕되 임기응변에는 뛰어난 사람이라는 사실을 알 수 있는 대목이다. 장비와의 첫 만남에서 기지를 발휘해 '나는 본래 한실 종친'이라고 말한 것도 그렇고, 이 순간 '형제는 수족과 같고 처자는 의복과 같다'라는 말을 지어낸 것도 그렇다. 일곱 걸음 만에 시를 지었다는 조식에 버금가는 재치를 가진 사람이었다.

유비가 처자는 의복에 비유하고 형제는 수족에 비유한 것은 장비의 죄책감을 덜어주기 위한 설정이 아니었다. 더 큰 이유는 자신의 죄책감을 덜기 위해서였다. 자신이 주도면밀하게 살피지 못해 잘못된 결정을 내렸고, 그로 인해 돌이킬 수 없는 국면을 맞았기 때문이다.

유비의 내면을 들여다보면 '억제'라는 심리적 방어기제가 작용했음을 알 수 있다.

'억제'란 의식에서 괴로운 감정을 지워가는 심리 과정이다. 처자가 적의 손에 잡혀 있다는 사실은 당연히 유비의 내면에서 부정적인 감정을 일으킨다. 이런 상황에서 가장 빨리 심리적 안정을 되찾는 방법은 이 일의 의미와 가치를 최소화하는 것이다. '처자'가 '형제'보다 훨씬 못하다면 잃는다고 큰일이 아니고, '의복이야 찢어져도 기울 수 있으나 수족이 잘리면 다시 잇지 못하니' 악착같이 죄를 물을 필요도 없었다.

이로써 유비는 마음의 짐을 털어냈고 장비와 관우는 마음 깊이 감동했다. 장비는 당연히 두말할 필요 없었고 관우도 마찬가지였다. 관우도 유비의 아우였다. 이렇게 큰 잘못을 저지른 장비를 너그럽게 용서하는 걸 보니 훗날 자신이 잘못을 저지른다 해도 유비가 용서할 것 같았다. 실로 그러했다. 관우가 어쩔 수 없이 조조에게 항복했을 때 유비는 그를 용서하고 다시 받아들였다.

전화위복이라고 했다. 유비는 말 몇 마디로 장비의 마음을 사고 관우의 마음도 샀다. 세 사람이 서로 끌어안고 한바탕 운 뒤 이 중대 사건은 유야무야 넘어갔다. 이후 관우와 장비는 유비에게 더 크게 충성했다.

유비가 한 이 말은 오늘날까지 전해지며 우애의 깊이를 가늠하는 척도가 되었다.

유비는 이 뜻밖의 중대 사건을 단번에 처리했다. 그러나 이 때만 해도 유비는 장비가 일으킨 이 사건이 얼마나 큰 치명타가 될지 몰랐다. 이후 유비의 성공은 십여 년이나 밀려 가까스로 기반을 '빌리기'까지 꼬박 12년이 걸렸다. 이 시간 동안 유비는 삶을 포기하고 싶을 만큼 숱한 고난을 겪는다.

유비는 두 아우를 위로하고 자신도 마음을 추슬렀다. 그러고 나니 말로 표현할 수 없는 지독한 아픔이 엄습했다.

오스트리아 작가 슈테판 츠바이크Stefan Zweig는 "운명이 보낸 모든 선물에는 그 대가가 표시돼 있다."라고 말했다.

유비는 가진 것 하나 없는 몸이었으나 끊임없이 하늘의 보살핌을 받았다. 뽕나무의 길조, 이정의 예언, 숙부의 도움, 사부 노식, 동문 공손찬, 도원결의, 도겸의 서주 양보 등 모두 운명이 보낸 선물이었다.

모든 행운의 이면에는 그에 상응하는 좌절이 숨어 있다. 안희현에서 관직을 내놓고, 고당현에서 황건적에 패하고, 여포에게 서주를 빼앗긴 것은 다 유비가 치른 대가였다.

세상을 보는 눈은 사람마다 다르다. 누군가의 눈에는 좌절만 보이고 또 다른 누군가의 눈에는 행운이 보인다. 행운을 잘 발견하는 사람이 진짜 행운아다. 이런 사람은 좌절을 겪더라도 무릎 꿇지 않고 자포자기하지 않는다. 다행히 유비는 본능적으로 좌절을 '억제'함으로써 행운이 도드라지게 만들었다.

자신이 운이 좋다고 생각하는 사람은 어떤 악재 앞에서도 침착하다. 유비는 공든 탑이 무너지고 북풍한설이 몰아치는 상황에도 미래와 자신에 대한 믿음을 잃지 않았다.

◈ **시련을 기회로 바꾸는 역경 극복 처세술**

고통의 세기를 조절하는 버튼은 그 사람의 영혼 안에 있다. 인내하는 사람이 무조건 강하다고 할 수는 없다. 실패와 좌절, 혹독한 시련을 어떻게 받아들일 것인가 하는 정신력이 그 사람의 강도를 나타내기 때문이다. 같은 고통이라도 죽을 만큼 힘들게 받아들이는 사람이 있는가 하면 과정에서 겪는 어려움으로 생각하는 사람이 있다. 고통은 각자의 몫이다.

신분이 뒤바뀐다고
신념이 무너지는 건 아니다

유비에게 이를 갈던 원술은 여포가 서주를 차지했다는 소식에 때는 이때다 싶었다. 그는 여포에게 군량 5만 섬, 말 5백 필, 금은 1만 냥, 비단 1천 필을 주겠다고 약조하며 유비를 없애버리자고 했다.

여포는 크게 기뻐했다. 이미 유비와 사이가 틀어진 마당에 후환을 제거할 기회를 놓칠 수 없었다. 하물며 원술은 엄청난 대가를 주겠다고 약조했다. 그렇게 의견 일치를 본 원술과 여포는 곧바로 군사를 보내 유비의 퇴로를 막고 공격했다. 앞뒤로 적을 맞은 유비군은 크게 패했다. 군사 태반을 잃고 어느 외딴 땅까지 퇴각하게 되었다.

그야말로 백척간두에 선 상황이었다. 원술이나 여포 중 누구라도 공격해 오면 유비군은 전멸할 상황이었다. 목숨이 위태로워지고 나서야 장비는 자신이 얼마나 큰 잘못을 저질렀는지 깨달았다. 여기서 유비는 직감적으로 '몹시 어려우면서도 믿기 힘든' 결정을 내렸다. 바로 여포에게 투항하는 것이다.

극단적으로 힘든 상황에서 내린 극단적으로 어려운 결정이다. 이런 상황에서 그 어떤 결정도 자신을 비롯해 수하들을 돌이킬 수 없는 지경에 빠뜨릴 수 있었다. 하지만 희망의 불씨를 남기고 목숨을 부지하기 위해서는 이 치욕을 견디고 자신이 호의를 베푼 여포에게 투항해야 했다.

유비의 마음은 지난날 한신韓信이 바짓가랑이 밑을 기어가는 과하지욕袴下之辱을 견딘 마음과 비슷했다.

위대한 꿈이 있던 두 사람은 한순간의 객기로 그 꿈을 부수고 싶지 않았던 것이다. 이런 결정을 내린 유비를 보고 청나라 이종오李宗吾는 《후흑학厚黑學》에서 유비의 뻔뻔함이라고 했다. 그러나 이 말은 얼토당토않다.

독일 초대 총리 콘라드 아데나워Konrad Adenauer는 '뻔뻔함은 하느님의 선물'이라고 했다. 소위 부정적인 사회적 평가를 신경 쓰지 않는 것을 두고 '뻔뻔하다'라고 한다. 유비가 살아온 길을 보라. 공융의 말 몇 마디에 울며 겨자 먹기로 서주를 구하러 갔고 도겸이 아무리 서주를 양보해도 절대 받지 않았다. 이로 보건대 그에게는 하느님의 선물이라는 뻔뻔함이 없었다. 삼국시대 인물 중 진정 뻔뻔한 사람은 여포다.

유비는 단지 미래를 확신하며 포기하고 싶지 않은 마음에 이런 경악스러운 결정을 내린 것뿐이다. 그러니 뻔뻔함이 아니라 유비의 위대함이다. 유비는 길이 없는 상황에서 길을 찾아냈고 선택지가 없는 상황에서 선택을 내렸다.

그렇다면 여포의 생각은 어떠할까? 유비를 받아줄 가능성이 컸다. 일전에 유비는 곤궁한 처지의 여포를 받아주는 은혜를 베풀었다. 그런데 여포는 유비가 없는 틈에 서주를 빼앗아 은혜를 원수로 갚았다. 그래서 여포가 유비에게 갚을 빚은 두 배로 늘어났다. 그런데도 유비는 보답을 바라지 않고 오히려 여포에게 무릎을 꿇었다. 여포가 아무리 뻔뻔하더라도 세 번이나 악랄한 짓을 할 수는 없었다.

마음을 정한 유비는 관우와 장비에게 자기 결심을 알렸다. 장비는 불같이 화가 났지만 이내 이 사달의 원흉이 자신임을 상기했다.

'내가 어리석게 일을 망치지 않았다면 형님께서 어찌 이런 굴욕을 당하셨겠는가!'

결국 장비는 화를 꾹 눌러 참았다. 관우도 받아들이기 어려웠으나 침착하게 생각하니 원수 여포에게 투항하는 것이 유일한 살길이었다. 관우는 궁지에 몰려도 상황에 따라 굽힐 줄 아는 유비의 깊은 뜻을 헤아렸다. 이는 관우에게 지대한 영향을 미친다. 훗날 유비 삼형제가 조조에게 패하고 홀로 토산에서 포위된 관우는 고심 끝에 조조에게 투항한다. 관우의 힘겨운 결정은 유비의 선례를 무의식적으로 모방한 결과다.

유비는 여포에게 투항의 뜻을 밝힌 서찰을 보냈다. 여포는 유비가 이렇게 나올 줄은 꿈에도 생각지 못했다. 아무리 여포가 철면피라도 이렇게 굽히고 들어오는 유비를 내칠 수 없었다. 여포는 유비의 부탁을 들어주었다. 그는 유비가 소패에 머물도록 허락하고 가족들을 모두 돌려보낸다.

유비는 여포를 찾아가 사의를 표했다. 주객이 바뀐 상황이 난처했던 여포는 성을 빼앗을 수밖에 없었던 이유를 늘어놨다.

"내가 성을 빼앗으려 한 것이 아니라 그대의 아우 장비가 술에 취해 사람을 해치니 이곳을 지키러 온 것이오."

여포의 말대로라면 이제 유비가 돌아왔으니 서주를 돌려줘야 맞았다. 그러나 뻔뻔스럽기 그지없는 여포는 유비처럼 양보하는 시늉조차 하지 않았다. 소인배의 눈에는 소인배만 보이는 법, 자신이 양보하면 유비가 덥석 물을까 두려웠다.

반면, 이미 마음의 준비를 마친 유비는 차분했다.

"저는 오래전부터 서주를 형님께 넘기려고 했습니다."

남에게 얹혀살면 눈치를 볼 수밖에 없다. 예전에 여포가 유비를 '아우'라고 불렀을 때는 장비가 노발대발했다. 그러나 지금 여포의 입에서 '아우'라는 말이 나오지도 않았는데 유비가 먼저 여포를 '형님'이라 불렀다.

소패로 돌아간 유비는 평온했으나 두 아우는 달랐다. 생각할수록 억울하고 울화통이 터졌다. 할 수만 있다면 당장이라도 쫓아가 여포와 사생결단을 내고 싶었다. 그러나 이미 결단을 내린 유비는 흔들리지 않았다. 관우와 장비가 아무리 난리를 피워도 유비는 생각을 바꾸지 않았다. 이치를 설명하고 객관적으로 형세를 분석하는 '설득의 중앙경로central route to persuasion'로는 관우와 장비의 피 끓는 분노를 잠재울 수 없었다. 임기응변의 고수인 유비는 단호하게 말했다.

"몸을 굽히고 분수를 지켜야지 운명과 싸워서는 안 된다."

하늘에서 내린 단비와 같은 이 말에 활활 타오르던 관우와 장비의 분노가 사그라진다. 어떻게 된 일일까?

유비는 처음으로 '하늘'과 '운명'을 끌어와 설득했다. 이런 설득의 방식은 '설득의 변방 경로peripheral route to persuasion'에 속한다. '하늘'과 '운명'이 얼마나 신성한지는 굳이 설명할 필요가 없다. 유비는 지금의 불운을 '하늘의 때'와 '운명'의 탓으로 돌렸다. 아주 교묘한 개념 바꿔치기다. 유비 삼형제가 처한 상황은 누가 봐도 '인재人災'였으나 유비의 말 한마디에 '천재天災'로 바뀌었다. '천재' 앞에서 사람의 노력은 의미가 없다. 유비의 말대로 몸을 굽히고 분수를 지키는 게 최선이었다.

참으로 언중유골이다. 유비는 하늘의 뜻을 강조하면서 다시금 그 옛날 이정이 자신을 두고 귀인이 될 것이라고 한 예언을 되새겼다. 하늘의 뜻이 자신에게 있는 이상, 지금의 곤경과 굴욕은 일시적이며 금세 지나갈 걸 암시한 것이다. 언젠가 이룰 꿈을 위해 고생 좀 하고 설움 좀 겪는 게 무슨 대수겠는가? 이 지점에서 유비의 의도는 분명했다.

'아우들아, 지금은 참아라. 때가 무르익으면 하늘은 우리 편에 설 것이다!'

관우와 장비는 유비가 여포에게 투항한 뒤 영원히 그의 밑에서 능욕당하지 않을지 우려했다. 그러나 유비는 이 말을 통해 '몸을 굽히고 분수를 지키는 것'은 '하늘의 때를 기다리는 것'이지 포기하는 것이 아님을 분명히 했다. 관우와 장비는 먼 앞날을 내다보는 유비의 대승적 판단에 감복해 그 뜻에 따랐다.

그렇게 유비는 장군에서 노예로 바뀌었다.

사람은 노예에서 장군이 되는 건 기쁘게 받아들이지만 장군에서 노예가 되는 건 쉽사리 받아들이지 못한다. 특히 이제 막 노예에서 장군이 되어 구름 위를 걷다가 순식간에 다시 노예로 떨어진 상황을 받아들이는 사람은 드물다. 유비는 이 극단적인 '롤러코스터'에 몸을 실었다.

이때의 경험은 유비를 완전히 다른 사람으로 단련시켰다. 매화향은 혹독한 추위를 견딘 뒤에 오고 보검은 끝없는 담금질 끝에 날카로움을 얻는다. 고난의 늪과 영예의 폐허를 벗어나야 진정한 영웅이 된다. 사실상 나락으로 떨어진 지금, 유비는 바닥을 치고 오를 힘을 비축했다.

◈ 시련을 기회로 바꾸는 역경 극복 처세술

아무리 큰일도 일단 받아들여야 다음이 있다. 회피하거나 도망친다면 승부를 낼 수 없다. 어떤 일이든 단계가 있고 과정이 있다. 능력이 좋아 몇 계단을 한꺼번에 오르더라도 분명히 맞닥뜨리는 어려움을 맞는다. 이에 맞서고 대응해야 다음 계단에 오를 수 있다. 겁난다고 뒤돌아 간다면 그동안 이룬 성과는 무너지고 만다.

성공으로 가는 문은 하나씩 열린다

원술은 여포에게 큰 대가를 약속했지만 목적을 이룬 뒤에는 입을 싹 닦고 약속을 지키지 않았다. 그런데 유비가 생사의 갈림길에서 활로를 찾아 여포에게 투항할 거라곤 꿈에도 생각지 못했다.

'확증 편향confirmation bias' 탓에 원술은 유비를 깔보고 있었다. 유비의 이런 결정으로 원술은 다시금 여포에게 줄을 대야 했다. 원술은 한윤韓胤을 사자로 삼아 군량 20만 섬을 가지고 여포를 찾아가게 했다.

이때 원술은 여포를 침이 마르게 칭찬하고 유비를 업신여기는 내용의 밀서를 함께 보냈다.

내 평생 천하에 유비라는 자가 있다는 소리를 들어본 적이 없습니다. 그런데 유비가 군사를 일으켜 이 원술과 맞서고 있습니다. 장군의 위세로 유비를 무너뜨릴 수 있습니다.

원술의 뜻은 분명했다. 유비가 위기에 빠져도 못 본 해달라는 뜻이었다. 그러면 그사이에 군사를 이끌고 가 유비를 완전히 짓밟겠다는 말이었다. 이렇게 여포를 회유한 원술은 곧바로 기령紀靈을 대장군으로 삼아 소패에 주둔하고 있는 유비와 최후의 일전을 일으켰다.

유비는 급하게 수하들과 대책을 논의했다. 장비가 나가겠다고 하자 손건이 나섰다.

"지금 소패는 군량과 군사가 부족한데 어찌 적을 이길 수 있겠습니까? 여포에게 도움을 청하는 것이 낫습니다."

이에 장비가 버럭 성을 냈다.

"그 도적놈이 어찌 우리를 돕겠소?"

장비의 반응은 전형적인 '자기 불구화self_handicapping'다. 사람은 사회생활을 하면서 직접 겪은 바와 보고 배운 바를 통해 일에 대응하는 경험을 얻는다. 이런 직간접 경험으로 효과적인 대응법을 알아간다. 그러나 반대로 이 경험들이 여과기가 되어 경험하지 못한 수많은 대응 선택지를 지워버리기도 한다. 그 결과 참신한 방법으로 문제를 돌파할 수 없게 된다. 사지에서 생환하려면 얼토당토않은 것처럼 보이는 가능성을 간과해서는 안 된다.

장비는 여포를 '수시로 변하고 사리사욕에 눈이 어두워 의리를 저버리는 소인배이므로 나와는 전혀 다른 인간'이라고 단정했다. 이런 강렬한 '외집단 편향outgroup bias'은 여포가 곤경에 빠진 자신들을 도와줄 리 없다고 믿게 했다. 사실 유비가 처한 지금의 곤경은 여포로 인한 것이 아닌가.

그러나 유비의 생각은 달랐다. 여포에게 투항한 것만 봐도 유비는 쉽게 '자기 불구화'하는 사람이 아니었다. 유비는 손건의 의견을 받아들여 즉시 여포에게 도움을 청했다. 물론 이때의 유비가 자기 불구화를 하지 않았다고 모든 일 처리에서 그랬다는 뜻은 아니다. 같은 경험을 놓고도 그것에 대한 귀납과 요약은 모두 다르다.

이후 유비가 자기 불구화에 빠진 사례도 숱하게 보게 된다. 그렇다면 여포는 유비의 요청을 받아들일까?

유비의 요청에 여포는 난처해졌다.

"양쪽에서 모두 서찰을 보내왔다. 한쪽에서는 모른 척하라 하고 다른 한쪽에서는 도와달라고 하는구나. 어찌해야 할까?"

여포의 제일가는 모사 진궁이 나섰다.

"유비가 지금은 곤란을 겪고 있으나 훗날 틀림없이 천하를 마음껏 누비며 장군의 큰 적이 될 것입니다. 제가 볼 때는 그를 돕지 않음이 후환을 남기지 않는 길입니다."

진궁은 왜 이렇게 말했을까? 이미 나락으로 떨어진 유비를 왜 이토록 높이 평가했을까?

유비는 한때 자신에게 굽히고 들어왔던 여포에게 몸을 굽혔다. 크나큰 치욕처럼 보이는 이 결정은 사실 무시무시한 신호나 다름없었다. 큰일을 위해 이런 굴욕을 참는 사람이 적이라면 보통 일이 아니다. 춘추시대 말 월왕 구천句踐이 대표적인 사례다. 오나라가 월나라를 무너뜨린 뒤, 구천은 오나라에서 치욕적인 노예 생활을 했다. 그러나 구천은 이 치욕을 견디고 와신상담해 결국 오나라를 무너뜨린다.

진궁은 유비를 보고 자연스럽게 구천을 떠올렸다. 그래서 유비가 스스로 무너지도록 수수방관할 것을 주장했다.

그러나 진궁의 주장은 여포의 감정을 고려하지 못했다. 유비가 두 번째로 무릎을 꿇자 여포의 '자기 고양self_enhancement'은 한층 강해진 상태였다. 여포의 눈에 유비는 자신의 수하였지 두려운 맞수가 아니었다. 진궁이 미래의 유비가 위험하다고 한 것은 현재의 여포를 깔보는 것이었다. 그러니 진궁의 조언이 기꺼울 리 없었다. 이때가 여포는 그의 인생에서 가장 머리가 잘 돌아가던 때였다.

당시의 상황은 손견이 얻었던 전국옥새를 다시 손에 쥔 원술이 야심만만하게 황제를 꿈꾸고 있었다. 원술이 황제가 되려면 주변의 다른 이들을 모조리 없애야 했고, 그중 서주가 원술의 근거지와 가장 가까이 맞닿아 있었다. 원교근공遠交近攻(먼 곳과는 사귀고 가까운 곳은 공격한다)의 법칙에 따라 원술이 가장 먼저 노릴 곳은 서주였다. 일단 유비를 제거하고 나면 다음 목표는 여포였다. 그러니 유비를 구해야만 했다. 여포는 유비를 살려두면 언젠가 자기 뜻대로 쓸 날이 올 거라고 생각했다.

여포는 진궁의 의견을 물리치고 직접 군사를 이끌고 유비를 구하러 갔다. 이 소식을 들은 기령은 노기충천했다. 원술에게서 이득을 취하고 뒤통수를 칠 줄 몰랐기 때문이다. 기령은 여포에게 서찰을 보내 완곡하게 비난했다.

남의 신세를 지면 할 말도 제대로 못 하는 법이다. 여포가 아무리 얼굴이 두꺼워도 막무가내는 아니었다. 다급한 상황에서 여포에게 좋은 생각이 떠올랐다. 여포는 유비와 기령에게 사람을 보내 자신의 군영으로 초대했다.

유비는 여포의 서찰을 받고 크게 기뻐하며 곧장 말에 올랐다. 이에 관우와 장비는 여포가 유비를 해칠까 두려워 다급히 막아섰다. 유비가 말했다.

"여포가 나를 해칠 리 없다. 그럴 생각이었으면 애당초 우리를 받아주지도 않았을 것이다."

그 말이 일리가 있는지라 관우와 장비도 하는 수 없이 유비의 뒤를 따랐다.

유비가 여포의 영채에 도착하니 여포가 말했다.

"내 오늘 특별히 공을 곤경에서 구해주고자 하오. 그러니 훗날 뜻을 이루더라도 오늘의 은혜를 잊지 마시오."

진궁의 조언이 아주 쓸모가 없지는 않았다. 그러나 여포처럼 자신이 베푼 은혜에 대놓고 보답을 요구하는 경우가 매우 드물다. 역시 보통 철면피가 아니다. 유비는 고개 숙여 절하며 연신 감사를 표했다.

"절대 잊지 않겠습니다."

얼마 지나지 않아 기령이 도착했다는 보고가 들어왔다. 여포의 의중을 모르는 유비는 아연실색해 자리를 뜨려고 했다. 이에 여포가 말했다.

"내가 일부러 두 사람과 함께 의논하려고 청했으니 의심하지 마시오."

그러나 무슨 영문인지 모르는 상황에서 유비는 불안에 떨 수밖에 없었다.

한편 막사 안으로 들어온 기령도 유비를 보고 기절초풍했다. 여포와 유비가 작당하고 자신을 속였다는 생각에 곧바로 몸을 돌려 나가려 했다. 여포의 수하들이 말렸으나 말을 듣지 않았다. 그때 여포가 성큼성큼 걸어가 기령의 어깨를 붙잡았다. 기령이 다급히 물었다.

"장군께서는 저를 죽이려 하십니까?"

여포가 말했다.

"아니오."

기령이 다시 물었다.

"그럼 장군께서는 귀 큰 놈을 죽이려 하십니까?"

유비의 귀가 무척 컸기에 기령은 이런 식의 멸칭을 썼다. 여포가 다시 답했다.

"아니오."

그 말에 당혹감이 더 커진 기령이 물었다.

"청컨대 장군께서는 어서 제 의문을 풀어주십시오."

기령의 사고방식은 장비와 같았다. 자신을 죽이거나 적인 유비를 죽이거나 둘 중 하나였다. 그런데 세상에는 세 번째 가능성도 존재한다. 여포가 껄껄 웃으며 답했다.

"현덕은 내 형제요. 오늘 그대에게 곤란을 겪고 있으니 내 특별히 구하러 왔소."

그 말에 기령은 온몸의 피가 식는 듯했다.

"그렇다면 장군께서는 이 기령을 죽이려는 겁니까?"

여포가 고개를 저었다.

"나는 평생 싸움을 좋아하지 않고 오직 말리는 것을 좋아했소. 둘 다 이만 군사를 물리시오."

유비야 쌍수를 들고 환영할 말이었지만 기령 입장에서는 아니었다. 원술의 명을 받아 10만 대군을 이끌고 왔는데 칼 한번 맞대지 않고 군사를 돌린다면 원술에게 뭐라고 보고한단 말인가? 이를 안 여포가 말했다.

"내게 방법이 있소. 싸울지 말지 하늘의 뜻을 따릅시다."

여포는 좌우를 시켜 자신의 방천화극을 원문 밖에 꽂아두게 했다.

"원문은 여기에서 150보 떨어져 있소. 내가 만약 화살 한 대로 화극의 작은 날을 맞춘다면 둘은 싸움을 멈춰야 하오. 만약 맞추지 못한다면 각자의 진영으로 돌아가 싸우시오. 나는 둘 다 돕지 않겠소. 만약 내 말을 듣지 않는다면 내가 힘을 합쳐 함께 죽일 것이오!"

초나라 때 양유기養由基라는 사람이 100보 떨어진 곳에서 활을 쏘아 버들잎을 꿰뚫었다고 한다. 그래서 활 솜씨가 뛰어난 사람을 두고 '백보천양百步穿楊'이라는 말을 쓴다. 그런데 여포는 무려 150보 떨어진 곳에서 활을 쏘아 화극의 날을 맞추겠다고 했다. 이는 '백보천양'보다 훨씬 어려우며 성공 확률이 극히 낮은 시도였다. 따라서 극을 맞추는 것은 순전히 운에 달려 있으므로 여포가 말한 '하늘의 뜻'과 다를 바 없었다.

이때 기령과 유비 둘 다 여포의 성공을 기대하지 않았다. 기령은 여포의 뜻에 따라도 유비를 치는 데는 문제가 없을 것으로 판단해 흔쾌히 동의했다. 유비는 불안했지만 차마 반대할 수 없었다. 반대했다가는 여포가 기령 편에 설 테니 죽음만 앞당기는 꼴이었다. 결국 여포가 성공하기를 빌 수밖에 없었다.

그런데 다 쓸데없는 걱정이었다. 여포는 하늘의 뜻에 따르겠다고 했지만 결정을 내리는 것은 사람이었다. 여포는 자신의 활 솜씨를 의심하지 않았다. 이미 정해놓고 하늘의 뜻에 따르겠다고 한 것은 기령의 반박을 막기 위함이었다.

여포가 활시위를 당겼다가 놓자 화살이 유성처럼 하늘을 가르더니 화극의 날을 정확하게 맞혔다. 막사에 있던 자들은 순간 우레 같은 함성을 질렀다. 이것이 '원문사극轅門射戟'이라고 알려진 이야기다.

이 또한 유비에게 찾아온 행운이었다. 여포의 활 솜씨가 귀신 같은 건 분명하지만 실수할 가능성도 있었다. 그런데 여포가 단번에 명중시킨 것은 유비에게 천운이 있다는 뜻이다. 한바탕 식은땀을 쏟은 유비는 다시금 하늘이 자신을 보살핀다고 확신했다.

기령은 그 자리에 멍하니 서서 어찌할 바를 몰랐다. 반발하자니 여포가 두려웠고 이대로 돌아가자니 원술에게 목이 잘릴까 두려웠다.

여포는 득의양양해졌다. 그는 그 자리에서 원술에게 보낼 서찰을 써서 기령의 살길을 마련해주었다. 유비는 다시 호랑이 아가리에서 살아나와 잠깐의 평안을 지켰다.

그러나 감사의 마음이 채 식기도 전에 여포는 원술과 결탁해 이른바 '혼인동맹'을 연출하며 이익공동체가 되었다. 이때부터 여포는 소패에서 군사를 모으며 재기를 꿈꾸는 유비를 눈엣가시로 여겼다. 그러던 중 여포가 사들인 군마를 장비가 탈취한 사건이 생겼고, 이 일을 계기로 여포가 소패를 공격하면서 유비는 다시 참패의 쓴맛을 보게 된다.

유비는 다시 기반을 잃고 오갈 데 없는 신세가 되었다. 도겸이 서주를 넘기려고 할 때 유비는 한사코 거절했다. 그런데 이제는 서주에 머물고 싶어도 그럴 수 없었다.

이 일을 겪으며 유비가 가장 증오하는 사람의 순위도 변했다. 원래 원술이 1위였으나 여포가 수직으로 치고 올라와 원술과 공동 1위가 되었다.

여포와 원술의 협공에 유비는 다시 집 없는 나그네 신세로 전락했다. 이에 유비는 허도의 조조에게 의탁하기로 결심하는데, 이 일로 자칫 황천길로 갈 뻔한 사실을 꿈에도 생각지 못했다.

◈ 시련을 기회로 바꾸는 역경 극복 처세술

볼 수만 있다면 가시발 속에도 길이 있고 볼 수 없다면 대로에도 벽이 있다. 여기서 본다는 의미는 긍정적인 마음이며 도전하려는 의지이다. 정확한 상황판단도 해당된다. 문은 두드리는 자에게 열리고 무엇이든 구하는 자가 그것을 구한다. 찾는 자가 찾는 것은 인류의 보편적 진리이다.

영웅을 탐하다

3부

시대의 영웅이라는 말이 있다. 한 시대를 풍미한 사람을 일컫는 말인데 역사적으로 손꼽을 수 있는 인물이 여기에 해당한다. 그러나 타고난 재능이나 능력으로 절대 혼자 우뚝 설 수 없다. 시대적 상황과 주변 인물들, 하늘의 뜻이 이어져 인물이 탄생한다. 삼국시대 유비도 그중 한 명이다.

말과 행동에 숨겨진 의미를 찾아라

허도로 가는 내내 유비의 마음에는 거센 풍랑이 일었다.

'어째서 서주에서 참패했을까?'

지금까지 뒷배 하나 없이 오직 인의도덕을 지켜 적잖은 덕을 봤고, 그렇게 해서 서주를 거저 얻다시피 했다. 하지만 믿었던 여포에게 서주를 뺏기고 다시 처량하게 쫓기는 신세가 되었다. 이 일은 유비에게 심각한 의구심을 던졌다.

'계속 인의도덕을 지켜야 하는가? 아니면 물불 가리지 않고 현실의 이익을 좇아야 하는가?'

허도에 이를 때까지 유비는 이 의구심의 답을 찾지 못했다.

사실 이 의구심의 답은 둘 중 하나가 아니었다. 유비가 혼란을 겪는 주된 이유는 삼자(유비, 여포, 원술) 관계를 능숙하게 다룰 경험과 능력이 부족했기 때문이다.

빈털터리가 된 유비는 불안한 마음으로 조조를 만났다. 조조는 유비가 당한 일을 듣고 내심 가소로움을 느꼈다.

'내가 여포를 죽이라고 할 때는 들은 척도 않더니 결국 여포한테 당했구나.'

유비를 마주한 조조의 심경은 복잡했다.

반동탁연합군으로 함께할 때 조조는 유비 삼형제와 친분을 쌓으려고 했지만 뜻대로 되지 않았다. 훗날 유비가 공짜로 서주를 얻었을 때는 배가 아파 그냥 둘 수 없었다. 그때는 상황이 여의치 않아 억지로 분을 삼키고 관작으로 회유했다. 그리고 유비를 이용해 여포를 죽이려 했으나 완곡히 거절당했다. 그런데 이제 갈 곳 없는 몸이 되어 자신을 찾아온 유비를 받아줘야 할까?

이때의 유비는 무명의 현령이던 당시의 유비가 아니었다. 천하 사람들에게 한실 종친임을 인정받았고 도겸의 청을 세 번이나 거절하면서 인의군자로 명성을 떨쳤다. 이제 세상 사람들의 눈에 유비는 훌륭한 영웅이었다.

그리고 조조는 천하의 난다 긴다 하는 인재들을 모아 수하로 두고 한헌제까지 쥐락펴락하는 정계의 슈퍼스타였다. 조조는 성공한 사람에게 찾아오는 '자기 고양self_enhancement' 상태에 빠져 있었다. 만약 유비가 그 옛날의 비천한 신분에서 벗어나지 못했다면 조조도 원술처럼 그를 안중에 두지 않았을지 모른다. 그러나 이제는 영웅으로 불리는 유비를 거둔다면 조조의 허영심을 한껏 채울 수 있었다.

조조는 기쁨을 드러내며 말했다.

"여포는 참으로 불의한 자요. 내가 현제와 힘을 합쳐 그를 죽이겠소."

유비는 조조의 약조를 들으니 어느새 통쾌함이 밀려왔다. 이에 유비는 안심하고 허도에 머물렀다. 조조와 만남의 이면에 도사리고 있는 위험을 깨닫지 못한 것이다.

유비가 나가자마자 조조의 모사 순욱이 찾아왔다. 진궁이 유비를 구천과 같은 위험인물로 간주했듯이 순욱도 유비를 경계했다. 순욱이 말했다.

"유비는 영웅입니다. 만약 세력을 잃은 지금 그를 제거하지 않으면 훗날 틀림없이 큰 화근이 될 것입니다."

조조는 순욱의 말에 침묵으로 답했다.

순욱이 나가고 곽가가 들었다. 조조가 곽가에게 물었다.

"방금 순욱이 내게 유비를 죽이라고 권하던데 그대는 어찌 생각하시오?"

곽가는 즉시 고개를 저었다.

"죽이시면 안 됩니다. 주공께서는 군사를 일으켜 폭도를 물리치는데 성실과 신의로 사방의 호걸을 모아야 합니다. 그런데 이 일로 인재들이 찾아오지 않을까 걱정입니다. 유비는 천하에 영웅으로 불립니다. 지금은 비록 곤궁해져 주공께 의탁하러 온 처지입니다. 그런 그를 죽인다면 얼마나 많은 호걸을 낙심시킬지 알 수 없습니다. 이후 주공께서는 누구와 더불어 천하를 평정하시겠습니까? 한 사람의 후환을 없애려다가 사해의 열망이 가로막힐 것입니다. 그것이 득이 되겠습니까, 아니면 해가 되겠습니까?"

참으로 훌륭한 답이었다. 곽가는 유비가 훗날 화근이 될 수 있음을 부정하지 않되 대승적인 시각을 견지했다. 옳은 말이다. 지금 발등의 불을 고려하면 유비를 죽이기보다는 받아주는 편이 이로웠다.

곽가의 말은 조조의 일관된 방식과 일치해 그의 체면을 세워줬다. 그뿐만 아니라 거시적으로도 순욱의 생각보다 나았다. 조조는 손뼉을 치며 그의 의견에 찬성했다. 이후 또 다른 모사 정욱程昱이 순욱과 같은 의견을 냈으나 조조는 곽가의 말을 들어 반박했다.

이튿날, 조조는 한헌제에게 유비를 예주목으로 추천했다. 사실 이름뿐인 직책이었으나 이후 사람들은 종종 유비를 유예주라고 부르게 된다. 유비는 자신이 이미 두 번이나 생사의 갈림길에서 돌아왔음을 모른 채 조조의 은혜에 감지덕지했다.

조조는 유비에게 군사 3천을 내주며 서주로 돌아가 소패에 주둔하며 여포를 감시하라고 했다. 절묘한 수였다. 여포와 척진 유비를 이용해 여포에게 맞설 셈이었다. 또한 자신이 직접 대군을 이끌고 서주로 향해 여포를 토벌할 것이라고 했다. 유비는 크게 기뻐하며 흔쾌히 소패로 향했다. 조조의 이 약속이 없었다면 유비는 군사 3천만 데리고 소패로 돌아가지 못했을 것이다. 조조가 유비를 받아준 것과 유비가 여포를 받아준 것을 비교하면 조조의 계략과 수단이 훨씬 고명했다.

유비가 소패에서 이제나저제나 조조의 대군이 오기만을 기다리고 있을 때 청천벽력 같은 소식이 들려왔다.

조조가 친정하기는커녕 여포를 평동장군平東將軍에 봉하고 유비와 화해하라고 한 것이다. 여포는 조조가 먼저 손을 내밀자 곧바로 원술을 배신하고 그의 사자 한윤을 붙잡았다. 그리고 진등을 사자로 삼아 한윤을 허도로 압송하고 논공행상을 주청케 했다.

유비는 변덕이 죽 끓듯 하는 여포에게 받은 충격에서 아직 벗어나지 못했는데, 이번에 조조까지 변덕을 부리자 분을 참기 힘들었다. 유비는 사람을 보내 전후 사정을 파악해보았다. 알고 보니 조조가 작정하고 속인 것은 아니었다.

조조가 여포를 치기 위해 군사를 일으켰을 때 완성宛城의 장수張繡가 유표劉表와 손잡고 군사를 일으켜 허도로 쳐들어갈 계획을 세웠고, 그 틈을 타고 여포가 허도를 노릴까 봐 어쩔 수 없이 달래는 쪽으로 선회한 것이었다.

조조의 '변덕'은 유비에게 심중의 혼란을 잠재울 중요한 깨달음을 주었다. 냉혹한 정치판에서 뛰어난 정치가는 절대 양자택일을 고집하지 않고, 인의도덕이 현실의 이익과 상충되지 않을 때는 경중과 완급을 조절해야 하고, 어느 것이 더 중한지는 상황에 따라 유연하게 판단해야 한다는 사실이다.

중앙 정치 무대의 조조는 삼자 관계만 겪어본 유비와는 비교가 안 될 정도로 복잡한 정세의 얽히고설킨 관계를 유연하게 잘 처리했다. 이 당시 천하는 원소, 공손찬, 원술, 여포, 유표, 장수, 손책孫策, 유장劉璋, 장로張魯 등 10여 개의 세력이 나눠 갖고 있었다. 조조는 천자를 끼고 제후를 호령했다. 이는 곧 모든 세력과 밀고 당기며 싸워야 한다는 뜻이었다. 전투와 화해, 동맹과 분화에 시간과 공간상의 착오는 용납되지 않았다. 최신 상황에 따라 유연하게 대처하는 게 능력이었다.

조조는 그런 면에서 후한 말 정치인 중 단연 돋보였다. 복잡

다단한 정세를 능수능란하고 조리 있게 움직인 유일한 인물이다. 유비는 조조가 '변덕'을 부린 내막을 알고 많은 생각을 했다. 통렬한 자기비판을 거친 유비는 자신이 문치, 무공, 모략, 재주 등 모든 분야에서 조조보다 못함을 알았다. 그러자 조조에 대한 존경심과 더불어 두려움이 밀려왔다.

한편 평동장군에 책봉된 여포는 조조의 생각대로 유비를 괴롭히지 않았다. 그런데 뜻밖의 일이 발생한다. 허도에 온 여포의 사자 진등이 여포를 팔아넘긴 것이다. 유비를 흠모해 온 진등은 여포가 유비 대신 서주를 차지한 것에 이를 갈았다. 그래서 허도에서 조조를 만난 김에 그가 여포를 치면 내응하겠다는 뜻을 밝힌다. 조조는 크게 기뻐하며 진등을 광릉태수廣陵太守로 삼고 진등의 아버지 진규陳珪도 중이천석中二千石에 봉한다.

서주로 돌아온 진등을 만난 여포는 진등 부자의 지위가 모두 높아졌는데 자신은 아무 이득을 보지 못한 데 분통을 터뜨렸다. 탐욕스러운 여포는 얼마 전 조조가 자신을 평동장군으로 봉한 것은 까맣고 잊어버렸다. 진등은 여포의 화를 풀어주려고 잘 구슬렸다.

"조공께서 말하기를 '나는 온후를 매를 기르는 것과 같이 대하오. 여우와 토끼를 아직 다 잡지 못했는데 매의 배를 불릴 수는 없소. 배가 부르면 날아가 버릴 것이오.'라고 했습니다."

여포는 여우와 토끼가 누구인지 물었다. 진등이 말했다.

"조공께서 말하기를 강동의 손책, 기주의 원소, 형양의 유표, 익주의 유장, 한중의 장로가 모두 여우와 토끼라고 했습니다."

그 말에 여포는 껄껄 웃었다. 조조가 진심으로 자기를 신임하니 머잖아 관직과 재물이 쏟아지겠다고 생각한 것이다. 그러나 진등의 이 근거 없는 말이 불러온 인지 편향으로 여포가 죽게 될 줄은 아무도 몰랐다.

원술은 여포가 또다시 약속을 어긴 것에 분노해 군사를 일으켜 일곱 길을 따라 서주로 진격한다. 이에 여포는 한섬韓暹과 양봉楊奉을 설득해 원술을 배반하게 하고 유비와 손잡고 원술을 공격한다.

패색이 짙어진 원술은 강동의 손책에게 도움을 청했다. 하지만 손책은 일찌감치 조조에게 회계태수會稽太守라는 감투를 받아 그쪽 편에 선 뒤였다. 원술이 고립무원 상태가 되자 조조는 손책, 여포, 유비와 힘을 합쳐 대대적으로 공격해 원술의 본진인 수춘壽春을 점령한다. 패배한 원술은 다급히 회하淮河로 달아났고, 군량이 바닥난 조조는 일단 원술을 놓아준다.

이후 원소는 갈수록 세를 불리는 조조에게 계속해서 반감을 품지만, 조조는 그런 원소를 대장군, 태위太尉로 삼는다. 그러자 느닷없이 떨어진 높은 관직에 마음이 풀어진 원소는 조조에 대한 반감을 잊고 칼끝을 공손찬에게 돌린다. 조조는 흐뭇한 마음으로 원소와 공손찬의 대결을 구경했다.

갖가지 묘수로 자기 상대들을 바둑판 위의 바둑알처럼 쓰는 것을 지켜본 유비는 조조에 대한 존경심과 두려움이 날로 커져만 갔다.

◈ 시련을 기회로 바꾸는 역경 극복 처세술

흑백을 가르는 선도 볼 줄 알아야 하지만, 그 사이의 공간도 볼 수 있어야 한다. 곧이곧대로 보고 듣는 사람이 있다. 말에는 그 사람의 의중이 담기고, 하나의 상황에는 보이지 않는 진실이 숨어있다. 이를 알지 못한다면 곧이곧대로 보고 들으며 단편적으로 사고할 수밖에 없다.

적을 대적하는 방법은 무궁무진하다

조조에게 의탁하고 있는 내내 유비의 자신감은 끝을 모르고 추락했다. 심지어 조조가 손책, 여포와 손잡고 원술을 총공격하려 할 때 유비는 조조의 환심을 사기 위한 일까지 벌였다.

조조가 예장豫章 경계에 이르러 유비와 만났을 때다. 유비는 조조의 영채에 들어가 선물을 바친다. 피가 뚝뚝 떨어지는 사람의 머리를 두 개였다. 조조가 깜짝 놀라 물었다.

"이것은 누구의 수급이오?"

"한섬과 양봉의 수급입니다. 이 둘은 여포에게 투항한 뒤 기도沂都와 낭야琅邪에 주둔하면서 온갖 노략질을 일삼아 서주 백성들의 원성이 자자했습니다. 이에 제가 의논할 일이 있다고 속여 그들을 잔치에 청한 뒤 관우와 장비를 시켜 한 사람씩 처단했습니다. 그리고 그들의 수하를 맡아 엄히 단속하고 있습니다. 그 전에 미리 말씀드리지 못해 오늘 특별히 죄를 청하러 왔습니다."

말로는 죄를 청한다고 했으나 사실상 공을 가로채는 행위였다. 왜 유비는 이 같은 행동을 했을까? 사실 이번에는 유비가 잔머리를 좀 굴린 것이다.

얼마 전, 조조군의 기세에 눌린 장수가 싸우기도 전에 항복한 바 있었다. 득의양양해진 조조는 장수의 숙모와 사통하며 정을 나눴고, 승리에 취한 그의 수하들은 온갖 노략질을 자행했다. 이 사실을 알게 된 장수는 조조가 방심한 틈을 타 기습을 감행했고 조조는 대패했다.

그때 조조 수하의 우금于禁은 조조의 명 없이 군령을 어긴 병사들을 모두 군법에 따라 처벌했다. 진상을 알게 된 조조는 우금의 독단적인 행동을 벌하기는커녕 크게 치하하며 익수정후益壽亭侯에 봉했다.

유비가 한섬과 양봉을 죽인 것은 우금의 선례를 따른 행동이었다. 자신이 조조의 마음을 꿰뚫고 있다고 생각한 유비는 그의 비위를 맞추면서 우금처럼 치하받고자 했다.

한편 유비의 말을 들은 조조는 흠칫했다.

"그대가 나라를 위해 해를 없앴으니 큰 공을 세운 셈인데 어찌 죄가 있겠소?"

그러고는 유비의 바람대로 상을 내렸다. 유비는 이 일로 큰 탈이 날 거라곤 꿈에도 생각지 못했다. 제 꾀에 넘어간다는 말이 딱 맞았다. 유비의 행동은 조조의 우려를 낳았다.

'유비는 과연 어떤 자인가? 명성을 위해 서주를 거절하더니 목숨을 구하기 위해 여포에게 몸을 굽혔다. 부드럽기가 처녀와 같아 큰일을 위해 치욕을 참을 줄 알고, 단단하기가 도망치는 토끼와 같아 한섬과 양봉을 잔인하게 죽였다. 과연 어느 쪽이 진짜 모습이란 말인가? 이런 자가 순욱과 정욱이 말한 대로 내게 가장 큰 위협이 될까?'

이때부터 조조는 유비를 경계하기 시작했다.

원술을 격퇴하고 허도로 돌아가기 전, 조조는 일부러 여포와 유비에게 화해를 종용했다. 그리고 여포를 제거하기로 마음먹었다. 조조는 유비에게 밀서를 보내 이 일에 대비할 것을 알렸다. 이미 조조의 성정을 파악한 유비는 의아해하지도 않고 즉시 답신을 보냈다. 그런데 공교롭게도 여포가 이 답신을 중간에서 가로채고 조조와 유비가 한 통속이 되어 자신을 속였음을 알게 되었다.

분노한 여포는 곧장 소패로 쳐들어갔다. 아무리 관우와 장비가 놀라운 무위를 지녔어도 겨우 군사 3천으로 여포를 당해낼 수는 없었다. 결국 유비는 또다시 여포에게 패했다.

이번에는 그야말로 참패했다. 유비 삼형제가 도원결의를 맺은 십수 년 동안 단 한 번도 헤어진 적이 없었는데 여포의 공격으로 뿔뿔이 흩어져야만 했다. 그리고 유비의 식솔은 다시금 여포의 손아귀에 들어갔다.

유비는 조조라는 뒷배만 있으면 자신이 증오하는 적수 여포를 손쉽게 없앨 줄 알았다. 그러나 단 한 번의 실수로 참패해 모든 기반을 잃고 홀로 남게 되었다.

지금까지 무수히 실패를 겪었지만 이처럼 지독한 실패는 처음이었다. 게다가 하필이면 자존감이 바닥을 치던 때라 극단적인 생각까지 하게 된다.

만약 유비가 계속 절망에 허우적거렸다면 그의 삶은 이쯤에서 막을 내렸을 것이다. 그런데 이 절체절명의 순간 유비의 모사 손건이 도망치는 데 성공해 유비와 합류했다.

두 사람은 서로를 끌어안고 통곡하며 비참한 마음을 달랬다. 유비는 전무후무한 참패를 겪고 나니 마음의 경계가 허물어졌다. 심리학 연구에 따르면 낙담하고 실의에 빠진 사람은 더 쉽게 통제력을 잃고 남에게 속마음을 털어놓는다고 했다.

유비는 태어나서 처음으로 손건에게 자신의 방황과 절망을 털어놓았다.

"이제 나는 두 아우가 어찌 되었는지도 모르고 식솔들이 죽었는지 살았는지도 모르오. 이런 내가 더 살면 뭐하겠소. 죽고 싶구려."

낙담한 유비 모습에 놀란 손건이 말했다.

"아니 됩니다. 조조를 찾아가 후일을 도모할 수도 있지 않겠습니까?"

현대 심리학 연구에 따르면 적절한 간섭은 자살 위험을 효과적으로 낮춘다고 한다. 손건의 말은 아주 모범적이고 시의적절한 간섭이었다. 그가 언급한 조조는 근래 유비의 정신적 지주였기에 절망의 구렁텅이에서 건져줄 특효약이었다. 손건의 도움으로 유비는 실의를 떨치고 다시 정신을 차린다. 두 사람은 서로를 의지해 묵을 곳과 먹을 것을 구걸하며 허도로 향했다. 그 모습이 얼마나 처참했을지 눈에 선하다.

유비와 손건이 걸음을 재촉하고 있는데 갑자기 뿌연 흙먼지가 일며 대군이 모습을 드러냈다. 여포를 토벌하러 오는 조조의 대군이었다.

유비는 다급히 달려가 조조를 만나자마자 자신의 처참한 상황을 말하면서 뜨거운 눈물을 쏟았다. 적잖이 기분파인 조조는 상심한 유비를 보고 같이 눈물을 흘렸다.

조조는 대군을 이끌고 서주를 포위 공격했다. 멀리 도망쳤던 관우와 장비도 소식을 듣고 달려와 유비와 재회했다. 조조 진영은 삼군이 목숨을 걸고 싸우는데 여포 진영은 내홍이 일어났다. 그 결과 분노한 수하들이 여포가 잠든 틈에 밧줄로 꽁꽁 묶어 조조에게 바쳤다.

유비에게 가장 기쁜 소식은 무사한 식솔들과의 재회였다. 모두 미축 덕분이었다. 미축은 영웅 행세하는 여포의 심리를 이용해 유비의 식솔을 건드리지 못하게 설득했다.

일반적으로 큰 곤경을 겪은 뒤 잃었던 것을 되찾으면 또 다른 운을 기대한다. 형제와 식솔을 되찾은 유비는 한때 자기 것이었던 서주도 되찾으리라 기대했다.

그렇게 달콤한 착각에 빠진 유비는 조조와 함께 백문루에 앉아 여포가 처형되기를 기다렸다.

얼마 지나지 않아 밧줄에 꽁꽁 묶인 여포가 끌려오며 유비를 보고 말을 건넸다.

"공은 상객이 되었고 이 여포는 포로가 되었소. 이 밧줄이 너무 꽉 묶여 있는데 어찌 사정 좀 봐달라 청해주지 않소?"

이 말은 사정이라기보다는 가벼운 농담처럼 들렸다. 여포는 포로 신세였지만 조조의 손에 죽을 거라곤 전혀 생각지 않았다. 진등이 했던 말이 아직도 귓가에 생생했기 때문이다. 조조가 천하를 손에 넣고자 한다면 분명 자기 없이는 안 되었다.

유비는 아무 말 없이 고개만 살짝 끄덕였다. 그러자 조조가 크게 웃으며 말했다.

"사나운 호랑이를 묶는데 어찌 느슨하게 하겠소!"

여포가 조조의 말을 받아 말했다.

"조공의 근심거리는 이 여포가 아니질 않소. 나는 이미 공에게 신복臣伏했는데 천하를 걱정할 일이 뭐가 있소. 공이 보병을 이끌고 이 여포가 기병을 이끌면 천하 평정도 손바닥 뒤집듯 쉽지 않겠소?"

그 말에 유비는 깜짝 놀랐다. 인의도덕과 현실적 이익을 저울질하는 조조의 행태로 보아 여포의 충성을 대가로 살길을 열어줄 확률이 높았기 때문이다. 유비는 두 가지 이유로 여포가 내일의 태양을 보는 것을 두고 볼 수는 없었다.

첫째, 유비는 여포가 증오하는 두 사람 중 한 명이었다. 여포는 유비의 치욕적인 기록을 갱신하게 만든 사람이다. 유비는 호의로 여포를 받아주었으나 여포는 두 번이나 유비를 패퇴시켜 식솔과 헤어지고 형제와도 흩어지게 했다. 그로 인해 하마터면 극단적인 선택까지 할 뻔했다. 이 원한을 갚기 위해서라도 여포를 살려둘 수 없었다.

둘째, 유비는 조조에게 의탁하는 신세이고 그를 경모했으나 마음 한구석에는 늘 '깃털 장식 덮개를 씌운 수레를 타는 꿈'이 살아있었다. 이 꿈은 유비가 스스로 서기를 종용했다. 스스로 서려면 조조를 포함한 모든 세력을 적으로 돌려야 했다. 일단 조조와 여포가 손을 잡으면 천하무적이 될 것이다. 그래서 경쟁자의 전투력을 줄이기 위해서라도 여포는 죽어야만 했다.

유비가 이리저리 바쁘게 머리를 굴리고 있을 때, 조조가 유비를 돌아보며 물었다.

"현덕공, 여포를 어찌 처리하면 좋겠소?"

의견을 구하는 모양새였으나 실은 이미 마음이 기운 상태에서 지지하는 답변을 듣고 싶은 눈치였다. 조조는 유비와 힘을 합쳐 여포를 제거하려고 했던 것만 해도 여러 번이다. 그랬던 사람이 대중 앞에서 이랬다저랬다 하기에는 심리적 부담이 적지 않을 터였다.

유비는 조조가 여포의 말에 흔들리고 있음을 눈치챘다. 그렇다면 어떻게 답해야 조조가 기대를 접고 깔끔하게 여포를 죽일 수 있을까? 단도직입적으로 죽이라고 해도 될까?

당연히 안 될 말이다.

조조가 여포를 죽일지 살릴지는 순전히 그의 손익계산에 달려 있었다. 유비의 감정이나 이익은 전혀 고려의 대상이 아니다. 만약 유비의 의견이 자기 뜻과 다르고 자신에게 해롭다면 절대 들어주지 않을 것이다.

순욱과 정욱의 사례만 봐도 그렇다. 두 사람은 유비를 죽이라고 했으나 곽가의 말에 따라 유비를 살려두는 편이 자신에게 이롭다고 판단해 살려줬다. 만약 유비가 여포를 죽이라고 한다면 조조는 그 말에 따르지 않고 유비의 저의를 의심할 것이다.

지금의 맥락을 보면 여포를 살려두는 편이 조조에게 이로웠으므로 설득하기 쉽지 않았다. 오직 여포를 죽이면서도 그에게 이로운 이유를 찾아내야 했다.

유비가 고개를 조심스럽게 말했다.

"명공께서는 지난날 여포가 정건양丁建陽(정원)과 동탁을 모셨던 일을 잊었습니까?"

유비는 죽이란 말도 죽이지 말라는 말도 하지 않았다. 유비의 말을 듣자마자 여포는 죽음을 직감했다. 여포는 자기도 모르게 욕을 퍼부어댔다.

"이 귀 큰 놈아! 가장 신의 없는 놈이 바로 네놈이구나!"

유비의 이 말은 실로 대단했다. 피를 보지 않고도 사람을 죽인 것이다. 원래 여포는 형주자사 정원을 따르며 그를 의부로 모셨으나 동탁에게 매수당해 정원을 죽이고 동탁을 의부로 모셨다. 훗날 여포는 또 왕윤의 연환계에 넘어가 동탁을 죽였다.

사실 의부를 살해했다는 사실만 같을 뿐 이 두 사건은 본질적으로 다르다. 정원을 죽인 것은 사리사욕에 눈이 어두워 의리를 저버린 행위고, 동탁을 죽인 것은 대의를 위해 가족을 죽인 행위였다. 그런데 유비는 이 두 가지 사건을 하나로 묶어 여포를 '사리사욕만 좇고 신의와 의리가 없으며 충성심도 없는 소인배'로 만들었다.

여포는 당대에 적수를 찾아볼 수 없는 무장이었다. 이는 여포의 가장 큰 자산이자 강점이다. 조조가 여포를 살리고자 하는 이유도 여기에 있었다. 그러나 충성심이 없는 자라면 강한 무공은 오히려 독이다. 유비의 말은 여포의 뛰어난 무공을 가장 큰 골칫거리이자 위험 요소로 인식시켰다.

유비는 '같은 입장 전략'으로 조조를 설득했다. 이는 순전히 조조의 안위를 생각한 말처럼 들린다. 정원과 동탁의 선례가 있는데 여포의 손에 죽는 '세 번째' 인물이 되고 싶겠는가?

조조는 곧바로 여포를 죽이라 명한다. 다급해진 여포는 악을 썼다.

"귀 큰 놈아! 원문에서 극을 쏘아 널 구해줬던 것을 잊었느냐?"

죽기 직전 여포가 떠올린 것은 유비에게 베푼 가장 큰 은혜였다. 여포는 유비가 은혜를 갚을 줄 알았으나 유비는 우물에 빠진 사람에게 돌을 던졌다.

여포는 참으로 딱하다. 원문사극을 기억한다면 어찌 갈 곳 없는 저를 받아준 유비를 공격하고 서주를 빼앗았던 일을 잊는단 말인가? 이는 은혜를 원수를 갚은 것이 아닌가? 심지어 두 번째 유비를 쳤을 때는 무일푼 신세로 쫓기게 만들지 않았는가?

여포의 인식은 '선택적 은혜 기억'이다. 사람은 자신이 남에게 베푼 은혜는 잘 기억하면서 남에게 해를 끼친 일은 쉽게 잊는다. 이런 인식으로 자신의 언행을 고치지 않는 사람은 괴로울 수밖에 없다. 그로 인해 여포는 유비에 대한 증오를 품고 황천길로 떠났다.

◈ 시련을 기회로 바꾸는 역경 극복 처세술

밑천을 다 드러내면 해를 피할 수 없다. 상대를 잘 알지 못하면서 솔직하고 꾸밈이 없다는 자신의 무기로 장단점, 약점까지 드러내는 사람이 있다. 좋게 말하면 그가 순수하다는 뜻이지만 나쁘게 말하며 생각이 없는 사람이다. 이용당할 각오가 되지 않았다면 적당히 거리를 두고 자신을 감출 줄 알아야 한다.

하늘의 뜻으로 여기면 순응하기 쉽다

눈 하나 깜짝 않고 철천지원수를 제거한 유비는 몹시 기뻤다. 곳간에서 인심 나듯 기분이 좋으면 쉽게 호의를 베풀고 도움을 준다. 여포 휘하의 장수 장요張遼가 조조에게 욕설을 퍼부으며 굴복하지 않을 때 유비가 도움의 손길을 내밀었다. 유비가 조조에게 말했다.

"이 사람은 충심이 깊으니 살려두어야 합니다."

장요는 참으로 운이 좋았다. 조조는 유비의 충고를 들어 장요를 죽이는 대신 중랑장으로 삼고 관내후關內侯에 봉했다. 여포가 지하에서 이 소식을 들었다면 벌떡 일어났을 것이다.

은혜에 감복한 장요는 여포의 부하들을 설득해 귀순시켰다.

이리하여 서주 전체가 조조 손에 들어갔다. 유비는 줄곧 서주를 자신의 것으로 여겼다. 그래서 뒤처리에 열중인 조조가 어서 서주를 자기에게 맡기기를 학수고대했다.

조조에게 많이 배운 유비는 다시 서주를 얻으면 쉽게 잃지 않을 자신이 있었다. 그러나 허도로 돌아갈 날이 다가오는데도 조조는 아무 말이 없었다.

사실 조조는 유비에게 서주를 맡길 생각이 추호도 없었다. 한섬과 양봉을 죽인 일로 유비에게 경계심이 생겼기 때문이다. 조조는 유비가 서주에서 세력을 키워 제 손아귀에서 벗어날까 우려했다. 그래서 유비를 견제하기 위해 허도로 데려가는 편이 낫다고 판단했다.

유비가 떠난다는 소식에 서주 백성들은 길가에 모여 향을 사르고 절을 올렸다. 백성들은 유비를 서주목으로 삼아달라고 조조에게 간청했다. 유비가 서주를 다스리면서 민심을 얻은 까닭에 백성들은 그에 대한 기대가 컸다.

조조는 민심이 유비에게 향한 것을 보고 서주에 두면 큰일 나겠다고 다시 한번 생각했다. 노련한 정치가 조조는 이런 민심을 막으면 안 됨을 잘 알고 있었기에 백성들을 달랬다.

"유사군은 공이 매우 크므로 허도로 가서 성상을 뵌 다음에 다시 서주로 돌아올 것이다."

조조 역시 '같은 입장 전략'으로 백성을 설득했다. 지방관이 황제를 뵙는 것은 매우 신성하고 영광스러운 일이다. 당연히 서주 백성들도 이 같은 광영을 막지 않을 것이다. 유비는 조조의 심중을 모르고 매우 기뻐했다. 조조는 자기 심복인 거기장군車騎將軍 차주車冑에게 임시로 서주를 맡겼다.

허도로 돌아온 조조는 유비를 황제에게 보이겠다는 '약속'을 이행해야만 했다. 이는 전혀 어려운 일이 아니었다. 이때 조조는 '천자를 끼고 제후를 호령하는' 데 아주 능했다. 어린 천자 유협은 그의 꼭두각시일 뿐이었다.

조조는 한헌제 앞에서 유비의 공을 '특별히' 강조했다. 유비를 제 손안에 넣었다고 판단했기에 좀 띄워준 것이다. 한헌제는 조조가 누군가를 추켜세우는 것을 본 적이 없기에 유비라는 사람이 궁금해졌다. 그래서 전각 위로 불러 자세히 물었다.

"그대의 조상은 어찌 되오?"

유비는 황제의 입에서 나온 물음에 갑자기 뜨거운 눈물을 쏟았다.

무슨 영문일까?

이것은 기쁨의 눈물이 아니라 슬픔의 눈물이었다. 유비는 몰락한 가문을 떠올리며 비통에 잠겼다. 그와 한헌제는 모두 한나라 초대 황제 유방의 후예였다. 그러나 '종친' 유비는 밑바닥부터 올라와 15년을 처절히 구른 끝에 겨우 한실을 대표하는 황제와 말 한마디라도 섞을 기회를 얻었다. 이때 유비 나이 서른아홉으로 황건적을 토벌하러 참군한 때로부터 15년이나 흐른 뒤였다. 그러니 어찌 감개무량하지 않으랴!

한헌제는 별 뜻 없는 자신의 물음에 유비가 눈물을 쏟자 몹시 당황했다.

"어찌하여 이토록 슬퍼하시오?"

유비가 눈물을 닦으며 대답했다.

"신은 중산정왕의 후예로 효경황제 각하의 현손입니다. 선조 유정이 탁현 육성후에 봉해졌습니다. 저는 유웅의 손자이자 유홍의 아들입니다. 제가 선조의 이름을 더럽힌 까닭에 눈물을 보였습니다."

그리 보면 유비는 독우에게 감사해야 한다. 독우가 꼬치꼬치 캐묻지 않았다면 황제를 앞에 두고 이처럼 매끄럽게 자신의 족보를 읊지 못했을 테니 말이다.

한헌제는 유비가 자신과 같은 핏줄이라는 사실에 몹시 들떴다. 그는 곧 종정宗正을 시켜 황실에 보관 중인 《종족세보》를 가져와 살펴보라 일렀다. 자신과 유비의 항렬을 확인하고자 함이었다. 이에 유비는 바짝 얼었다. 그가 가장 염려하는 일이 벌어지고 만 것이다.

유비는 가시방석에 앉은 기분으로 결과를 기다렸다. 그런데 아무리 찾아도 유비와 관련된 내용은 찾을 수가 없었다. 당연했다. 유비의 선조일 가능성이 가장 큰 육성후 유정은 한무제 때 작위를 박탈당했다. 이후 유정의 후예는 신분이 낮아져 황실 족보에는 기록되지 못했다.

전전긍긍하고 있던 유비의 귀에 한헌제의 말이 들려왔다.

"그렇다면 짐의 황숙이로군요!"

어찌 된 영문인지 알 수 없으나 일단 위기를 넘긴 유비는 속으로 한숨을 내쉬었다. 한헌제는 곧 유비를 편전에 들게 해 숙부와 조카의 예를 베푼다.

한헌제는 지난날 유우가 그랬듯이 제대로 짚지 않고 대충 항렬을 정했다. 이때 한헌제의 나이가 열아홉이었고 유비가 서른아홉이었으니 대충 숙질간의 나이 차였다.

한헌제의 기괴한 행동에 모두 당황했는데 특히 조조가 그러했다.

한헌제는 왜 유비를 황숙으로 인정했을까?

당시는 모두 한헌제를 얕보고 있었다. 아홉 살 때 동탁에 의해 황위에 오른 뒤 줄곧 '꼭두각시'로 취급받았다. 그러다 보니 다들 한헌제가 유약하고 무능하다고 생각했다. 그러나 한헌제는 영리하면서도 용감한 황제였다.

십상시가 난을 일으켰을 때 유협은 아직 황제가 아니었다. 당시 황제는 그의 이복형인 유변이었다. 유변과 유협은 궁 밖으로 도망쳤다가 대군을 이끌고 수도로 들어온 동탁을 마주쳤다. 이때 동탁이 어가 행렬을 막아섰다. 신하들은 동탁의 의중을 몰라 다들 두려움에 떨고 있었다. 동탁이 나서서 버럭 소리쳤다.

"천자는 어디 계시는가?"

황제 유변은 너무 놀라서 말을 못 했다. 그때 유협이 앞에 서더니 태연하게 물었다.

"그대는 누구인가?"

동탁이 답했다.

"저는 서량자사 동탁입니다."

유협이 다시 꾸짖듯 물었다.

"그대는 어가를 위협하러 왔는가 호위하러 왔는가?"

"저는 어가를 호위하러 왔습니다."

이에 유협이 큰소리로 꾸짖었다.

"어가를 호위하러 왔다면 천자께서 여기 계시는데 어찌 말에서 내리지 않는가?"

유협의 그 말에 동탁은 화들짝 놀라 황급히 말에서 내려와 절을 올렸다. 참으로 조리 있고 배짱 있는 임기응변이었다. 이때 그의 나이 겨우 아홉 살이었다. 유협은 말로써 서량의 효웅 동탁을 굴복시켰다. 훗날 동탁이 유협을 황위에 올린 것도 이 때문이다.

이런 유협에게 '유약하고 무능하다'라는 평가는 어불성설이다. 그가 황궁에 갇힌 채 꼭두각시 노릇을 하는 이유는 능력 있고 충성스러운 자가 곁에 없었기 때문이다.

유비를 만났을 때 유협은 이미 열아홉 살이었다. 나이가 들수록 유협은 시키는 대로 해야 하는 상황을 견딜 수 없었다. 이 상황을 벗어나려면 믿을 만한 조력자가 필요했다. 급하지만 만반의 준비를 마치기 전까지는 경거망동해서는 아니 되었다.

그런 상황에서 조조가 유비를 데려와 극찬하고 유비가 한실 종친임을 밝혔다. 이제 한헌제는 깊이 감춰둔 야심을 수면 위로 끌어올릴 기회를 맞은 것이다. 유비의 '출중한 능력'도 탐나는데 심지어 한실 종친이기까지 했다. 피는 물보다 진한 법, 당연히 피 한 방울 섞이지 않은 남보다는 충성스러울 것이다. 이리하여 '영웅 황숙'은 한헌제가 그토록 바라던 '조조의 손아귀에서 구해줄' 인물이 되었다.

유비는 저도 모르는 사이에 또 하나의 월계관을 얻었다. 물론 그전에도 한실 종친 신분은 인정받았으나 이는 맹목적인 군중심리에 의한 것이었다. 그런데 한헌제가 직접 '황숙'이라고 불러준 덕분에 이제 '진짜' 한실 종친이 되었다. 밑바닥 인생에서 봉황으로 환골탈태해 고귀한 황실 혈통이 된 것이다. 그러나 너무 큰 기쁨에 취한 유비는 한헌제의 숨겨진 의도를 깨닫지 못했다.

조조는 이런 일이 일어나리라고는 전혀 예상치 못했다. 후회막급이었으나 겉으로 드러낼 수도 없었다. 그런데 계략을 감춘 한헌제가 움직이기 시작했다. 유비의 봉작을 서둘러 결정하게 하니 조조는 벙어리 냉가슴 앓는 꼴이 되었다. 유비를 데려온 것도 자신이고, 그의 공을 추켜세운 것도 자신이니 봉작을 안 할 이유가 없었다.

이로써 유비는 좌장군, 의성정후에 봉해졌다. 그리고 이때부터 '유황숙'으로 불렸다.

'유황숙' 유비는 난데없는 행운에 자신감이 붙었다. 어서 서주로 돌아가 실력을 발휘하게 되기를 고대했다. 하지만 조조는 '같은 수레를 타고 나가고, 같은 자리에 앉고, 맛있는 음식을 나누며 형제처럼 은혜를 베풀어' 최고의 대우만 해 줄 뿐 서주로 돌아가는 일은 입도 뻥긋하지 않았다.

유비는 조조의 의도를 뻔히 알고 있었다. 이미 십수 년 전에 '한 상에서 밥 먹고 한 침상에서 잠자기'로 두 아우를 꾄 적이 있기 때문이다. '황숙'이 된 자신과 돈독한 관계를 다지려 애쓰는 것이 당연했다. 그러나 유비는 답답하기만 했다. 기왕 형제처럼 은혜를 베푼다면 왜 형제가 활약할 무대는 제공하지 않는가? 이건 도대체 어떻게 된 형제란 말인가?

◈ 시련을 기회로 바꾸는 역경 극복 처세술

하사받은 영예는 그저 남들의 도구에 지나지 않는다. 선심 쓰듯 자신에게 주는 권위와 명예, 권력을 넙죽 받지 말자. 그것을 준 사람은 당신을 통해 자기 영향력을 발휘하려 든다. 자신의 이익을 위해 당신이 움직여주기를 원한다. 이를 알아도 당신은 이미 받은 수혜가 있기에 거절하지 못한다.

관계에서는 넘으면 안 될 선이 있다

한헌제가 유비를 황숙으로 인정하자 순욱을 비롯한 조조의 모사들은 좌불안석이었다. 순욱은 호랑이를 키워 화근으로 삼지 않으려면 조속히 유비를 제거해야 한다고 주장했다.

"유비가 황숙이 되었으니 명공께 이롭지 못할 것입니다."

조조가 눈을 흘기며 말했다.

"나와 현덕은 형제와 같이 친한데 무엇이 문제겠소? 그의 영예는 곧 나의 영예가 아니겠소?"

뜻밖에도 조조가 유비를 변호하자 당황한 순욱은 말문이 막혀버렸다. 이번에는 또 다른 모사 유엽劉曄이 나섰다.

"유비는 남의 밑에 안주할 인물이 아닙니다."

조조가 말했다.

"좋은 자든 나쁜 자든 30년은 사귀어 봐야 하오. 좋고 나쁨은 내가 잘 알고 있으니 다들 더는 거론하지 마시오!"

조조는 유비를 경계하는 모사들의 입을 틀어막았다. 그러면서 유비를 더 극진히 대했다. 조조가 유비와 '같은 수레를 타고 나가고, 같은 자리에 앉고, 맛있는 음식을 나눈' 것은 모두 순욱을 비롯한 모사들 탓이었다.

조조의 행동은 어깃장을 놓는 것으로 보였다.

'오냐, 너희들이 유비를 욕할수록 나는 더 잘해 줄 것이다.'

그렇다면 정말로 '어깃장'을 놓은 것일까? 순전히 그것만은 아니었다.

사실 조조는 오래전부터 자신의 어리석음을 뼈저리게 후회하고 있었다. 유비가 허튼짓을 하지 못하게 감시하려고 데려왔으나 오히려 출셋길만 열어준 셈이 됐다. 조조는 유비를 한헌제 앞에 데려가 천하가 다 아는 '유황숙'으로 만든 자신을 용서할 수 없었다. 이를 인정하면 스스로 뺨을 치는 꼴이었다. 이는 조조에게 있을 수 없는 일이다. 잘못을 인정하지 않으려면 유비를 더 잘 대해 주는 것으로 옳음을 증명해야 했다. 한마디로 조조의 행동은 자신을 위한 변호였다.

조조가 유비에게 잘해준 행동은 '부인denial'이라는 심리적 방어기제의 전형적인 표현이다. 조조는 유비와 똑같이 행동함으로써 자신 선택이 옳았음을 증명해 불안과 후회를 잠재우려 했다. 물론 조조가 유비와 가까이 지내면서 얻은 이득도 있다. 사람들에게 유비와 죽이 잘 맞는 친구처럼 보인 것이다. 그로 인해 유비는 한헌제와 만날 수 없었다. 그 점이 그나마 조조의 시끄러운 속을 달래주었다.

유비는 조조의 호의에 취하지 않았다. 그저 자신이 파악한 조조의 '이익 취사법'에 따라 조조의 의도를 가늠할 뿐이었다.

그러다 문득 유비는 조조가 서주를 얻는 순간부터 자신을 견제했는데, 자신만 그 사실을 몰랐음을 깨달았다. 역시 조조의 계략을 따라갈 수 없었다. 조조는 당근과 채찍을 능수능란하게 사용했다. 그 점을 깨닫고 나니 조조에 대한 존경심은 수그러들고 두려움이 솟구쳤다.

유비가 머리를 쥐어짜고 있는 동안 조조도 하루하루 시간을 허투루 보내지 않았다. 조조는 한헌제가 유비를 황숙으로 인정한 이유를 생각해 보았다.

역시 조조는 후한 말 제일의 정치가라는 이름이 허풍이 아니었다. 조조는 한헌제가 자신의 손아귀에서 벗어나려고 유비를 끌어들였음을 알아차렸다. 이는 조조가 용납할 수 있는 범위를 넘어섰다. 한헌제가 허튼 생각을 거두고 유비도 경거망동하지 않도록 특단의 조치가 필요했다. 조조는 즉각 행동에 나섰다.

조조는 천자와 함께 사냥을 가기로 했다. 사냥에 필요한 준마, 사냥매, 사냥개, 활, 화살, 칼, 창을 준비하고 성 밖에 사병을 모아놓고 한헌제를 만나러 갔다.

한헌제가 가장 싫어하는 것을 미리 정해놓고 나중에 아뢰는 조조의 무도한 행태였다. 이미 준비를 끝낸 상태에서 예의상 '묻는' 것이다. 한헌제는 사냥에 흥미가 없어 거절하려고 했다. 그러나 조조는 한헌제를 '납치'해서라도 끌고 가 자신의 통제 아래 있음을 보여줄 작정이었다.

조조의 청산유수 같은 설득과 입에 발린 말들이 오간 끝에 한헌제는 백기를 들었다. 그는 조조가 준비해 둔 소요마逍遙馬에 올라 황제만이 쓰는 '조각된 활'과 '황금 화살'을 챙겨 허도 밖 사냥터 허전許田으로 향했다. 조조와 문무백관이 그 뒤를 따랐고 유비 삼형제도 함께했다.

허전에 도착한 한헌제는 유비를 보고 크게 기뻐했다. 황제는 이것이 유비와 돈독한 관계를 다질 좋은 기회라고 여겼다.

"짐은 황숙의 활 솜씨를 구경하고 싶소."

그 말을 들은 조조는 머리 꼭대기까지 화가 치밀었다. 자신을 앞에 두고 어찌 감히 유비와 친분을 내보인단 말인가. 이는 그간 조조가 우려하던 바가 사실임을 증명하는 행위였다.

한편 유비는 황제의 의도를 이해하지 못한 채 마침 풀숲에서 토끼를 발견하고 활시위를 당겨 명중시켰다. 한헌제가 유비를 칭찬하자 유비는 말에서 내려 감사 인사를 올렸다.

조조는 두 사람이 하는 짓을 보자 속이 더 부글부글 끓어올랐다. 바로 그때 커다란 사슴 한 마리가 가시덤불에서 튀어나와 한헌제를 향해 달렸다. 한헌제는 활쏘기를 즐기지 않았지만 세 발을 연달아 쏘았다. 하지만 모두 빗맞아버렸다. 황제는 겸연쩍은 마음에 옆에 있던 조조에게 말했다.

"경이 한번 쏘아 보시오."

속에서 천불이 나던 조조는 한헌제에게 황제만 쓰는 활과 화살을 달라는 방자한 요구를 했다. 황권이 강할 때라면 삼대가 멸문당할 불경한 행동이었다. 그러나 지금 황실은 쇠락했고 조정은 조조의 손에 떨어졌는데 어찌 거절할 수 있겠는가.

조조는 황제의 활과 화살을 받아 사슴을 향해 활시위를 당겼다. 빠르게 날아간 화살을 맞고 사슴은 쿵 쓰러졌다. 멀리서 구경하던 신하들은 사슴의 등에 꽂힌 화살만 보고 한헌제가 맞춘 줄 알고 황급히 달려와 연신 '황제 폐하 만세'를 외쳤다.

그 모습을 본 조조는 대번에 말머리를 돌려 한헌제의 앞을 가로막더니 오만하게 박수갈채를 대신 받았다. 이 모습에 신하들은 모두 대경실색했다.

감히 황제 앞에서, 황제의 이름으로 신하들의 환호와 절을 받은 사람은 없었다. 이런 조조의 도를 넘은 행동은 극단적인 분노에서 비롯되었다. 허전에서 사냥은 미리 계획한 일이었으나 사슴을 쏘아죽이고 황제를 향한 환호를 가로챈 것은 즉흥적인 행동이었다. 조조는 대놓고 한헌제를 멸시함을 보여줬다. 조조가 이렇게 극단적으로 행동한 것은 암묵적으로 한헌제에게 경고하기 위함이었다.

"이 조조에게서 벗어나려는 헛된 꿈은 버려라!"

그러면서 신하 중에서 누가 감히 자신의 권위에 도전하는지도 살폈다. 그런데 놀랍게도 조조를 처단하려는 사람이 있었다. 바로 유비의 아우 관우였다.

분개한 관우가 말을 달려나가려는 걸 유비가 붙잡았다. 조조는 한헌제를 겁박하면서도 유비의 동태를 뚫어지게 살폈다. 이 연극을 준비한 목적 중의 하나가 바로 유비를 무릎 꿇리는 것이었다.

지금 유비는 조조에 대한 존경심과 더불어 두려움이 깊은 상태였다. 따라서 섣불리 함부로 행동할 수 없어 관우를 말릴 수밖에 없었다. 그런 와중에 조조가 노려보자 유비는 소름이 돋으며 식은땀이 흘렀다. 비단 유비뿐만이 아니고 그 자리에 있던 모든 사람이 조조의 기세에 눌렸다. 유비는 아예 눈조차 마주치지 못하고 바로 고개를 숙이며 허리를 굽혔다.

"승상의 활 솜씨는 참으로 신묘합니다!"

유비의 아첨을 들으니 조조는 멋쩍었다. 사슴을 맞춘 게 무슨 대단한 일이라고? '신묘한 활솜씨' 운운하려면 여포의 '원문사극' 정도는 되어야 하지 않을까?

조조는 자기 앞에 바짝 엎드린 유비를 보며 기분이 좋아져 진심으로 웃음을 터뜨렸다.

"이는 황제께서 복이 많으시기 때문이지요."

바라는 바를 모두 이룬 조조의 말투에도 겸손이 어렸다.

사냥은 그렇게 끝났다. 한헌제는 바짝 굳은 얼굴로 말없이 허도로 향했으나 분노를 참을 수 없었다. 하나는 조조의 분수를 모르는 오만방자함 때문이고 다른 하나는 유비에 대한 실망 때문이었다.

한헌제는 한때 기대를 걸었던 유비의 비겁하고 나약한 모습에 얼음 구덩이에 처박힌 듯 한기를 느꼈다. 그런 줄 모르고 유비를 영웅 황숙이라 생각하다니. 조조 앞에서 비굴하기 그지없지 않은가. 그런 자에게 어찌 중임을 맡길 수 있단 말인가.

일단 고개를 쳐든 반항심은 웬만해서 누를 수 없다. 한헌제는 심각한 타격을 입었지만 포기할 생각은 없었다. 그래서 자신의 바람을 이룰 새로운 사람을 다시 찾기 시작했다.

허도로 돌아온 유비는 관우를 꾸짖었다.

"아우는 오늘 어찌하여 그리 성급하게 굴었는가?"

생각지도 못한 물음에 관우는 일순 멍해졌다.

'형님은 황숙이 아니십니까? 마땅히 이렇게 행동하셔야 하는 것 아닙니까?'

관우는 생각한 바를 곧바로 입에 올렸다.

"임금을 기만하는 자는 결코 용납할 수 없습니다. 형님, 어찌하여 저를 말리셨습니까?"

그렇다. 유비는 왜 관우를 말렸을까? 유비가 말리지 않았다면 분기탱천한 관우가 화웅을 베었을 때처럼 놀라운 실력으로 열 사람의 조조라도 베었을 텐데 말이다. 알고 보니 유비는 조조와 어울리면서 자신도 모르게 조조의 영향을 받아 인의도덕(명성과 명예)의 자리를 현실적 이익에 조금 넘겨준 상태였다.

그러나 충성스럽기 그지없는 관우에게 이런 이유를 내놓을 수 없었다. 대답이 궁해진 유비는 이렇게 말했다.

"아우는 듣게. 쥐를 잡으려다가 독을 깰 수 있다네. 황제 폐하 곁에는 조조의 심복들이 깔려 있네. 아우가 일격에 성공하지 못하면 자칫 황제께서 해를 입으실 텐데, 이는 큰 잘못이 아니겠는가!"

유비 자신조차 설득하지 못할 궁색한 변명이었지만 달리 내놓을 이유가 없었다. 역시 관우는 여전히 분을 삭이지 못하고 대꾸했다.

"형님. 오늘 역적 조조를 죽이지 못했으니 훗날 큰 환란이 일 것입니다."

유비는 아무 대답도 하지 못했다. 그간 조조 곁에 있으며 답을 찾았다고 생각했는데 관우의 물음에 다시 안개 속을 헤매는 듯했다. 인의도덕과 현실의 이익 사이에서 어느 쪽을 선택해야 할까?

◈ 시련을 기회로 바꾸는 역경 극복 처세술

타인은 사냥감이다. 특히 권력의 투쟁 관계에서는 먹고 먹히는 일이 비일비재하다. 인간성, 인간미, 도덕, 양심, 의리, 신뢰를 바탕으로 하는 인간관계의 설정은 의미 없다. 언제 깨질지 모르는 유리처럼 가지고 있다가 자신의 이익을 위해 필요하면 불시에 박살낸다. 그러나 종국에는 그도 타인의 사냥감이 된다.

태풍의 눈에 휩쓸리면 누구도 막을 수 없다

허전에서 사냥은 끝났으나 이 일의 후폭풍은 이제 시작되었다. 사실 우연과 필연이 공존한 허전의 사건은 후한 말 정계를 급변시킨 분수령이다.

이 사건의 가장 큰 승자는 조조처럼 보이지만 사실은 그 반대였다. 지금까지 조조는 조정을 휘어잡고 유아독존의 지위를 누렸다. 지난날 동탁의 악행에 비하면 지나치다 할 수 없었고 여러 세력과도 다툼없이 잘 지내는 편이었다. 그런데 조조가 황제의 활로 사슴을 쏘아 죽인 무도한 행동으로 이 취약한 균형이 무너져버렸다.

첫째, 조조와 한헌제 사이의 갈등의 골이 더욱 깊어졌다. 한헌제는 황위에 오른 뒤로 동탁의 난, 이각과 곽사의 난을 겪었지만 줄곧 몸을 낮추면서 목숨을 부지해 왔다. 처음에는 조조가 자신을 도와 종묘사직을 바로 세울 고굉지신股肱之臣인 줄 알고 기대를 걸었다. 그런데 시간이 갈수록 조조는 권력을 독점하려 하면서도 겉으로는 한헌제를 존중하는 모양새를 보였다. 그러나 이번에 조조에게 참담한 모욕을 당한 젊은 황제는 더이상 치욕을 참을 수 없을 지경에 이르렀다. 한헌제는 조조를 제거할 계획을 짜기 시작했다.

둘째, 조조와 황실에 충성하는 신하들의 갈등을 격화시켰다. 허전에서 한헌제는 만조백관 중 충신이 없다고 개탄했다. 하지만 창졸간 당한 일에 다들 제때 반응하지 못했을 뿐이다. 이후 황실에 충성하는 신하들이 조조에게 반감을 품고 대적하기 시작했다.

사람은 타인의 행동을 보고 성격과 특질을 판단한다. 바로 '특질 추론 trait inferences'이다. 한 심리학 실험에서 학생들에게 "그 도서관 사서는 늙은 여성을 도와 짐을 옮겨줬다."라는 문장을 외우게 했다. 피실험자들은 도서관 사서를 전혀 모르는 상태였으나 '다른 사람을 잘 돕는' 성격 특질을 지녔다고 추론했다. 이후 피실험자들이 외웠던 문장을 떠올리기 쉽도록 몇 가지 힌트를 제공했다. 그중 가장 효과적인 힌트는 도서관 사서를 떠올리게 하는 '책'도, 짐을 떠올리게 하는 '가방'도 아니었다. 놀랍게도 실험자가 제공하지 않은 '다른 사람을 잘 돕는' 특질이었다.

황제의 활 사건으로 사람들은 조조의 행동이 진나라 말 조고趙高의 '지록위마指鹿爲馬'와 같다고 여겼다. 이로써 조조는 스스로 '역적'이라는 특질을 붙인 셈이다.

이때 조조는 황위를 찬탈하려는 역적이 아니었다. 조조의 야심은 아직 그 정도로 크지 않았다. 물론 조조가 황제를 끼고 있음은 사실이었으나 그 외에도 원소, 유표, 손책 등 천하를 주름잡는 수많은 세력이 조조에게 맞설 수 있었다. 특히 원소는 조조보다 훨씬 강했다. 만약 조조가 지금 황위를 찬탈한다면 황제를 끼고 있다는 경쟁우위는 사라질 것이다. 그리고 "군주 옆에 붙은 간신을 처단한다."라는 이름으로 원소 등이 쳐들어와 조조를 죽일 게 분명했다.

가장 현명한 방법은 '황제 밑에 있는 신하'로 때를 기다리는 것이다. 그런데 허전에서의 일로 스스로 가장 부정적인 인상을 뒤집어썼으니 득보다 실이 컸다.

"역적은 죽여야 한다."라는 관우의 말대로 한나라 신하들이 조조를 '역적'으로 못 박은 이상, 조조를 죽이려는 시도가 음으로 양으로 전개될 것은 불을 보듯 빤했다. 어떤 암살이나 위협에도 끄떡없다고 장담할 사람은 없다. 적은 숨어 있으되 자신은 밖으로 드러나 있으니 여러모로 조조는 위험했다.

모난 놈 옆에 있으면 벼락을 맞게 마련이다. 허전의 일은 조조만 위험에 빠뜨린 게 아니라 유비가 오랜 세월 어렵사리 쌓아온 명성까지 무너뜨릴 수도 있었다. 특질 추론이 유비에게도 적용되기 때문이다.

지금껏 유비는 널리 명성을 떨쳤지만 허도에 온 뒤 조조와 지나치게 가까이 지냈다. 아직은 조조의 '간악함'이 드러나지 않아 사람들도 유비에게 그다지 부정적 감상은 없었다. 그러나 유비가 사냥터에서 공개적으로 조조의 비위를 맞춘 행동은 지난 세월 쌓아온 명성을 무너뜨리기에 충분했다.

관우가 유비에게 한 말이 그 신호였다. 유비와 형제의 정을 나눈 관우조차 불만을 느끼는데 다른 사람은 말해 무엇할까?

그간 유비는 조조의 아우라에 홀려 있었으나 관우의 말에 번쩍 정신이 들었다. 유비는 이 사건이 일어나기 전후의 상황을 더듬으며 통렬한 자기반성의 시간을 갖고 마침내 깨달았다. 조조를 따라 해봐야 제2의 조조가 될 뿐이다. 조조의 문재文才와 무위武威는 자신보다 훨씬 뛰어나고 한헌제까지 손에 쥐고 있다. 그런 조조를 가까이하더라도 그의 수하 노릇이나 할 뿐 두각을 나타낼 수 없을 것이다.

유비에게는 원대한 꿈이 있었다. 그 꿈은 냉혹한 현실 탓에 방치되었지만 유비의 영혼 깊은 곳에서 떠난 적이 없다. 지금은 그 꿈도 자신만의 길을 가라고 채근하고 있다.

하지만 가진 게 없는 유비는 다시 인의의 길을 갈 수밖에 없었다. 끝없는 인생의 부침을 겪고 나서야 밑바닥 출신 유비는 정신적으로 독립하고 성숙해진 것이다. 유비는 오로지 덕행만이 마음을 얻는 길이고 인의군자 이미지와 명성으로 앞날을 개척해야 함을 되뇌었다.

물론 가랑비처럼 스며든 조조의 영향을 '결심'만으로 지울 수는 없었다. 결심은 의식의 영역이고 조조의 영향은 무의식의 영역이다. 의식과 무의식 사이에는 종종 치열한 샅바싸움이 벌어진다. 이후 유비는 죽을 때까지 그의 내면에서 이런 샅바싸움이 끊임없이 이어졌다.

유비가 조조에 대한 숭배와 미련을 끊겠다고 결심했을 때 유비의 등을 떠민 사람이 등장했다. 바로 한나라 국구國舅 동승董承이다.

사냥터에서 돌아온 한헌제는 분을 참을 수 없어 황후의 아버지 복완伏完을 찾았다. 복완도 조조의 방자한 언행에 의분을 느껴 둘이 거사를 모의한다.

한헌제는 조조를 주살하는 데 동참할 충의지사를 모으는 밀조密詔를 피로 썼다. 이 혈조血詔는 국구 동승의 손에 전해졌다. 동승은 장수교위長水校尉 충집种輯, 소신장군昭信將軍 오자란吳子蘭, 공부시랑工部侍郎 왕자복王子服, 의랑議郎 오석吳碩, 서량태수西凉太守 마등馬騰을 차례로 끌어들였다. 이들은 모두 혈조에 서명하고 '혈조당'의 일원이 되었다.

그러나 동승에게는 병권이 없었다. 그나마 병사들을 데리고 있는 마등은 먼 서량에 있었다. 당연히 조조에게 대적할 길이 없었다. 동승이 모두를 불러 상의하던 중 마등이 유비를 끌어들이자고 제안했다. 하지만 동승은 단칼에 거절했다.

"한실 황숙의 몸으로 조조의 앞잡이 노릇이나 하는 그가 어찌 대사에 참여하겠소?"

동승은 유비의 이름조차 언급하기 싫어 '그'라고 불렀다.

그러자 마등이 말했다.

"이는 그의 본심이 아닐 것입니다. 사냥이 있던 날 저는 유비 근처에 있다가 조조를 죽이려 하는 관우를 말리는 모습을 보았습니다. 아마 그는 쥐를 잡으려다 자칫 독을 깰까 염려하는 것으로 보였습니다."

유비가 조조를 죽이려는 관우를 말린 것은 조조 편이라는 명백한 증거였다. 그런데도 왜 마등은 정반대로 생각한 걸까?

사람의 마음은 상황에 따라 갈대처럼 흔들린다. 그래서 겉으로 내보이는 행동이 그 사람의 본심과 다른 경우가 허다하다. 허전에서 일이 벌어졌을 때 마등도 차마 조조를 들이받지 못했다. 자신이 나서지 못하는 것이 대장부로서 부끄럽기 짝이 없었다. 그래서 남들도 자기처럼 속으로는 열화가 치솟아도 차마 말하지 못한 것으로 생각했다(허위 합의 효과). 그래서 관우의 언행을 보고 유비의 본심을 미루어 짐작했다.

관우가 의분에 찬 행동을 하지 않았다면, 마침 마등이 그 장면을 보지 않았다면 유비는 조조의 앞잡이라는 오명을 씻지 못했을 것이다.

혈조당은 유비의 아우들처럼 용맹한 사람이 꼭 필요했다. 그러니 다른 도리가 없었다. 동승은 유비를 한번 떠보기로 했다.

동승은 야심한 시각을 틈타 품에 혈조를 넣고 유비의 처소를 찾아갔다. 유비는 야밤에 찾아온 동승을 보고 깜짝 놀라 황급히 안으로 들였다. 동승은 단도직입적으로 말했다.

"지난번 허전에서 운장이 조조를 죽이려고 했을 때 장군께서 말리신 까닭이 무엇입니까?"

이 물음에 유비는 눈치껏 대응할 수밖에 없었다. 어떤 답을 내놓아도 동승은 유연하게 대처할 수 있었다. 갑작스러웠으나 임기응변의 대가 유비는 자연스럽게 응수했다.

"제 아우는 조조의 무도함에 분을 참지 못한 것입니다."

동문서답이었다. 동승은 조조를 죽이려는 관우를 말린 까닭을 물었는데 유비는 관우가 조조를 죽이려 한 이유를 말했다. 유비도 자신에게 퇴로를 남겨둔 셈이다. 만약 동승이 조조 측에서 보낸 사람이라면 "아우가 모르고 그런 것이라 제가 말렸습니다."라고 덧붙이면 그만이었다.

생각이 얕은 동승은 유비가 본심을 말한 것이라 생각해 돌연 눈물을 흘렸다.

"만약 모두가 운장처럼 충성스럽다면 천하가 태평하지 않음을 걱정할 일이 있겠소!"

유비는 더 의심스러워 동승을 떠보았다.

"조승상께서 나라를 잘 다스리고 있지 않습니까? 어찌 천하가 태평하지 않다고 하십니까?"

이에 동승이 낯빛을 바꾸며 말했다.

"공은 한실의 황숙이신데 어찌 그리 말씀하십니까? 동탁과 다를 바 없는 조조의 행태가 보이지 않으십니까?"

그제야 유비는 동승의 진심을 알아차렸다.

"저는 국구의 진의를 알 수 없어 일부러 그리 말한 것입니다. 국구께서 용서해 주십시오."

이에 동승은 품에서 한헌제의 혈조를 꺼내며 찾아온 연유를 밝혔다. 유비는 혈조를 보자마자 엎드려 절했다.

"이 유비, 견마지로犬馬之勞를 다 할 것입니다!"

물리학과 심리학은 여러 부분에서 서로 통하는 데가 있다. 뉴턴의 제1법칙(관성의 법칙)에 따르면 모든 물체는 외부로부터 힘이 작용하지 않는 한 정지해 있던 물체는 계속 정지 상태로 있고, 움직이던 물체는 계속 일직선 위를 똑같은 속도로 운동한다. 사람도 이와 같다.

유비는 조조를 따르지 않겠다고 결심했지만 조조와 척질 생각은 없었다. 감히 그런 생각을 하지도 못했다. 그런데 동승이 혈조를 들고 찾아와 유비의 등을 떠밀었다.

사실 혈조에 유비는 이름을 써넣고 싶지 않았다. 이름을 적는 순간 조조와 불구대천의 원수가 될 테고 삶이 힘들어질 것이다. 그렇다면 이름을 적지 않을 수도 있는가?

그럴 수 없다. 황숙이라는 신분이 그럴 수 없게 만들었다.

유비는 줄곧 '한실 종친' 덕을 보았다. 얼마 전에는 한헌제에게 '황숙'으로 인정받아 얼마나 큰 영예를 누렸던가. 그러나 영예에는 책임이 따랐다. 한실이 곤경에 처한 지금 유비는 무엇을 해서라도 한실에 보답해야 했다.

혈조에는 이미 여섯 명의 이름이 쓰여 있었다. 동승이야 황실의 외척이니 연관이 있다지만 나머지 다섯 명은 피 한 방울 섞이지 않은 '남'이었다. 남도 나서서 돕겠다는데 황숙인 유비가 뒤로 빠질 수 없는 일이었다.

빠져나갈 수 없어진 유비는 결국 혈조에 '좌장군 유비'라는 다섯 글자를 적었다.

◈ 시련을 기회로 바꾸는 역경 극복 처세술

책임을 치러야만 영광을 얻을 수 있다. 책임지는 일에 주저하지 말자. 일을 많이 할수록, 자신의 비중이 커질수록 책임도 늘어난다. 책임 회피는 신뢰를 무너뜨리고, 나약하고 비굴한 인간임을 드러내는 것밖에 안 된다. 자기 말이나 행동에서 비롯된 일이라면 기꺼이 책임져야 한다. 그래야만 신중한 사람이 되어가는 것이다.

영웅의 눈에는
영웅이 없다

유비의 서명을 받아 큰 짐을 던 동승은 찾아오길 잘했다며 절로 웃음이 나왔다. 그러나 극도로 긴장한 유비는 동승에게 신신당부했다.

"서서히 일을 진행하고 이일이 밖으로 새 나가지 않게 정말 조심해야 합니다!"

동승은 떠났으나 유비는 가슴이 뛰어 도무지 진정할 수 없었다. 후회했다. 아니, 후회를 넘어 두려웠다.

심리학 연구에 따르면 단기적으로는 '행동한 것'을 후회하지만, 장기적으로는 '행동하지 않은 것'이 더 후회한다고 했다. 유비는 '혈조당'에 들어갔다가 다시는 빠져나오지 못할까 봐 후회스러웠다. 그러나 이때 이름을 적지 않았다면 훗날 '행동하지 않은 것'을 땅을 치고 후회했을 것이다. 시간이 흘러 지난 일을 회상하면 감당할 수 없었던 위험, 시련, 장애가 사실 별것 아니었다고 느껴지기 때문이다.

그러나 일이 막 벌어진 지금의 유비는 노도처럼 밀려드는 두려움에 잠겼다. 조조는 무슨 일이 벌어지는지 모를 테고 대비하지 않고 있다. 그는 여전히 유비와 같은 수레를 타고 나가고 같은 자리에 앉는다. 만약 유비가 죽기를 각오하고 이 일에 참여한다면 조조를 없앨 기회는 차고 넘쳤다. 그러나 한실에 보답하고 싶되 열사烈士가 되고 싶지는 않았다. 목숨 부지가 제1원칙인 생존을 위한 이기주의의 전형적 태도였다.

예전에 조조도 젊은 혈기에 동탁을 없애려고 했다. 그러나 열사는 되고 싶지 않은 생존을 위한 이기주의의 영향으로 마지막 순간에 물러서고 말았다. 유비가 서주를 빼앗은 여포에게 숙이고 들어간 것도 같은 이유다.

꿈을 가진 사람은 많으나 그 꿈을 실현하는 사람은 많지 않다. 안타깝게도 이기적인 사람만이 꿈을 실현할 수 있다. 이런 이기심은 자신의 목숨을 최상위에 두는 데서 드러난다. 이들은 남들이 자신을 위해 희생하길 바라면서 자신은 결코 남을 위해 희생하지 않는다.

"내가 천하 사람들을 저버릴지언정 천하 사람들이 나를 저버리게 하지 않겠다."라는 조조의 명언은 '생존을 위한 이기주의'의 적나라한 선언이었다.

조조와 유비가 살았던 시대는 여전히 '사생취의捨生取義'가 대세였다. 조조와 유비가 잔혹한 전쟁의 틈바구니에서 마지막에 웃는 자가 된 것도 이런 이기심 '덕'이 크다.

한편 유비는 강렬한 인지부조화 탓에 고통스러운 나날을 보냈다. 타들어 가는 속을 달래기 위해 사냥 같은 바깥 활동을 끊고 텃밭을 가꾸는 데 열중했다. 이것도 심리적 방어기제 중 '부인'에 해당한다. 텃밭에 씨 뿌리고 물 주는 평온한 일상으로 밀조에 서명했던 일은 다 거짓이라고 자신을 속이는 것이다.

이를 옆에서 지켜보는 관우는 도무지 이해가 안 됐다. 분명히 동승 앞에서 "견마지로를 다하겠다."라고 했으니 이제 소매를 걷어붙이고 나서야 했다. 그런데 유비는 마치 아무 일도 없는 것처럼 한가롭게 농사를 짓고 있었다. 관우가 참지 못하고 물었다.

"형님, 천하를 얻기 위해 궁마弓馬를 돌보지 않으시고 어찌 백성들이 하는 일을 하십니까?"

유비는 손을 내저으며 말했다.

"이는 아우가 이해할 수 있는 일이 아니네."

유비는 심중의 고민을 관우에게조차 털어놓지 못했다.

이것만으로도 유비가 얼마나 큰 스트레스에 시달렸는지 알 수 있다.

어느 날 관우와 장비가 출타하고 유비 혼자 텃밭에 물을 주고 있었다. 그때 조조 휘하의 허저許褚와 장요가 병사 십여 명을 데리고 다급히 찾아왔다.

"승상께서 현덕공을 당장 모셔 오라고 하셨습니다."

유비는 숨이 멎을 것 같았지만 애써 마음을 다잡고 그들을 떠보았다.

"승상께서 무슨 급한 일로 나를 찾으시는 것이오?"

허저와 장요가 답했다.

"저희도 모릅니다. 급히 모셔 오라고만 하셨습니다."

허저와 장요의 대답에서 어떤 정보도 얻을 수 없었으나 정보가 없는 것이 곧 좋은 정보였다. 만약 혈조 사건이 발각됐다면 조조는 자신을 '모셔' 오는 게 아니라 '잡아' 오라고 했을 것이다. 심계가 깊은 조조가 쥐를 가지고 노는 고양이처럼 굴기에 방심할 수 없었다. 마침 두 아우 중 누구도 곁에 없었다. 유비는 어쩔 수 없이 단신으로 허저와 장요를 따라 승상부로 향했다.

조조는 유비를 보자마자 얼굴을 구기며 말했다.

"요즘 댁에서 대체 무슨 일을 하는 거요?"

조조가 정말로 쥐를 가지고 노는 고양이처럼 나오자 유비는 모골이 송연해졌다. 유비는 혈조에 이름을 올린 자신의 어리석음을 통탄했다.

조조는 유비의 얼굴이 하얗게 질리는 것을 보고 갑자기 껄껄 웃었다.

"농사일을 배운다는 게 그리 쉽지는 않지요?"

조조는 기분이 좋으면 어린아이처럼 장난을 잘 쳤다. 한번은 이런 일이 있었다. 조조의 집 뒤뜰에 새로 문을 하나 냈는데 이를 본 조조가 문에 '살 활活' 자를 쓰고 말없이 그 자리를 떠났다. 모두가 영문을 몰라 어리둥절해 있는데 영리한 양수楊修가 정답을 알아냈다. 문 아래 '활'자가 있으니 '트일 활闊'이라는 뜻이다. 즉, 문이 너무 커서 싫다는 마음을 그렇게 표현한 것이다.

지금 유비를 놀린 것도 같은 이치였다. 다만 도둑이 제 발 저린 유비는 별일 아님을 깨닫고 한숨을 돌렸다.

조조는 잘 익은 매실주를 유비와 함께 마셨다. 술기운이 돌 때쯤 갑자기 시커먼 구름이 밀려오더니 금방이라도 빗줄기가 쏟아질 것 같았다.

조조가 내다보니 커다란 용이 승천하는 모양의 먹구름이 보였다. 그걸 보고 있자니 문득 '영웅'의 기운이 일었다. 조조는 자신을 줄곧 사람 중의 용으로 자처했다. 십수 년에 걸친 치열한 투쟁 끝에 대소신료는 물론이요, 황제까지 제 손안의 꼭두각시처럼 부리고 있다. 세상에 어느 누가 이런 성취를 거두었는가? 조조는 관료 집안 출신이었으나 조부가 환관이었다는 이유로 서생들에게 업신여김을 당했다. 그러나 이제는 조조가 그자들을 비웃고 있다. 감개무량해진 조조는 물었다.

"현덕, 그대는 오랜 세월 천하를 누볐으니 누가 당대의 영웅인지 아실 것이오. 말씀해 보시오."

만약 마음이 평온한 상태였다면 늘 그래왔듯 "승상이야말로 당대의 영웅이십니다."라고 대답해 넘겼을 것이다. 그러나 지금의 유비는 겁에 질려 있었다.

"저에게 어디 영웅을 알아보는 눈이 있겠습니까?"

순탄하게 넘기기는커녕 조조의 기분만 상하게 했다.

'네 눈앞에 있는 나 조맹덕이 너와 같은 수레를 타고 같은 자리에 앉건만, 내가 영웅임을 알아보지 못하는 것이냐!'

조조가 말했다.

"사양하지 말고 말씀해 보시오."

더는 피할 수 없어진 유비가 말했다.

"회남의 원술은 군사와 양식이 넉넉하니 영웅이라 할 수 있을 것 같습니다."

원술은 조조에게 대패해 근거지인 수춘성까지 뺏기고 회남으로 도망친 인물이다. 그 과정을 누구보다 잘 아는 유비가 조조 앞에서 원술을 영웅으로 추켜세우는 것은 스스로 무덤을 파는 꼴이 아닌가.

그러나 이는 자신은 사람 보는 눈이 형편없음을 보이기 위함이었다. 사람은 '자기 고양self_enhancement'을 통해 우월감을 높인다. 그러나 이때의 유비는 혈조 사건으로 잔뜩 위축돼 있었기에 시선을 끌 마음이 추호도 없었다. 그저 자신을 별것 아닌 평범한 사람으로 보여야 조조의 의심을 피할 수 있다고 생각했다. 이것이 유비의 진짜 의도였다.

아니나 다를까 조조가 크게 웃으며 말했다.

"원공로는 무덤 속의 백골과 같소. 머잖아 내가 쳐부술 텐데 무슨 영웅이라는 말이오?"

말을 마친 조조는 활활 타오르는 눈으로 유비를 직시했다.

유비는 계속 말을 이을 수밖에 없었다. 유비는 이제 진짜 영웅을 말했다.

"하북의 원소는 4대가 모두 삼공을 지냈고 문하에 수많은 서생과 관리를 뒀습니다. 지금 범같이 기주를 차지하고 앉아 수많은 병사와 장수를 거느리고 구름처럼 많은 모사를 뒀습니다.

원소는 영웅이라 할 수 있지 않겠습니까?"

실력만 놓고 보면 원소는 조조보다도 강했다. 그러나 조조는 원소를 거들떠보지도 않았다.

"원소는 겉보기에는 강해 보여도 나약한 자요. 생각이 많아 결단력이 없소. 큰일을 하면서도 몸을 사리고 자기 잇속에 어두워 죽는 줄도 모르니 영웅이라 할 수 없소."

이어 유비가 유표, 손책, 유장의 이름을 꺼냈으나 가장 대단한 원소조차 무시하는 조조가 별 볼 일 없는 자들을 신경 쓸 까닭이 없었다.

더 이상 꺼낼 이름이 없어진 유비가 말했다.

"저는 실로 누가 영웅인지 모르겠습니다."

조금 흥분한 조조가 자신과 유비를 가리키며 경천동지할 말을 꺼냈다.

"천하에 영웅은 사군과 이 조조뿐이오!"

유비는 등줄기로 식은땀이 주룩 흘렀다.

'아, 아무리 몸을 낮추고 감춰도 나를 영웅으로 추켜세우는 것을 보니 이미 혈조 일을 알아냈구나. 다른 소리만 잔뜩 하다가 이제야 패를 내보이려는 거야'

유비는 손이 부들부들 떨려 들고 있던 젓가락을 떨어뜨리고 말았다. 공교롭게도 바로 그때 번쩍 섬광이 비치고 우르릉 쾅 쾅 천둥소리가 지축을 울렸다.

조조는 당황한 기색이 역력한 유비를 보고 의심이 솟구쳤다.

"현덕공, 왜 그러시오?"

유비는 정신을 차리고 대답했다.

"성인께서도 천둥과 사나운 바람이 있으면 낯빛이 변하셨다고 하였습니다. 천둥 한 번이 이토록 위력적이군요. 저는 어려서부터 천둥소리를 매우 무서워했는데 지금 숨을 데가 없음이 한입니다."

유비는 공융에게 자극받아 여유가 있을 때마다 《논어》에서 선현의 이야기를 읽었다. 마침 그것을 중요하게 써먹을 순간이 온 것이다. 역시 사람은 책을 많이 읽어야 한다. 절체절명의 순간에 구명줄이 되어주지 않는가. 《논어_향당鄕黨》에 나오는 이 말은 이 순간에 잘 어울렸다.

조조는 학문에 조예가 깊었다. 그는 유비가 '책을 읽지도 않고 좋아하지도 않는 사람'이라 생각했다. 그런데 상황에 꼭 맞는 공자의 말을 인용하는 것을 보고 그의 말이 '진실'이라고 판단했다. 학문의 깊이가 얕은 사람은 무언가를 능수능란하게 꾸며내지 못한다고 생각했기 때문이다.

조조는 유비를 의심하지 않았으나 기대는 크게 낮췄다. 허전에서 자신의 비위를 맞추던 모습만 보아도 유비가 큰 인물은 아니었다. 이때부터 유비에 대한 조조의 경계심이 한풀 꺾였으니 유비로서는 잘된 일이었다.

◈ 시련을 기회로 바꾸는 역경 극복 처세술

세상에 '잘못을 되돌리는 비약'이 있다면 수많은 멋진 장면들이 역사에서 사라질 것이다. 시행착오라는 말을 새기자. 실수나 잘못은 얼마든지 할 수 있다. 이를 약으로 삼아 다시는 같은 실수를 반복하지 않으면 된다. 애초에 완벽하게 모든 일을 처리하는 사람은 없다. 그러므로 남의 실수에도 조금 관대해지자.

배반은 가장 날카로운 칼날이다

유비는 천우신조로 위기를 넘겼으나 조조에 대한 두려움은 날로 커져만 갔다. 유비는 한시라도 빨리 허도를 떠나고 싶었다. 일각이 여삼추이던 중 뜻밖의 소식이 전해졌다.

전국옥새를 손에 넣어 눈에 뵈는 게 없어진 회남의 원술이 스스로 황제의 자리에 올랐지만, 모두 그에게 등을 돌리며 목숨까지 위태롭게 된다. 그러자 그동안 줄곧 무시해 온 형 원소에게 전국옥새를 바치는 조건으로 몸을 의탁하기로 한다. 원소는 공손찬을 무너뜨리고 기세가 오르면서 야심도 커진 터라 흔쾌히 원소의 뜻을 받아들인다. 이에 원술은 남은 수하를 데리고 회남에서 원소가 있는 하북으로 향한다는 소식이었다.

유비는 허도를 탈출할 절호의 기회임을 깨닫고 곧 조조를 찾아가 말했다.

"원소와 원술의 회합은 승상께 좋지 않습니다. 원술이 원소에게 가려면 반드시 서주를 거쳐야 합니다. 이 유비가 일군을 이끌고 가 매복해 있다가 원술을 사로잡겠습니다."

조조는 원소와 원술의 연합을 막아야만 했다. 서주 현지 사정을 잘 아는 유비가 매복병을 이끌기에 가장 적합한 인물이었다. 이미 조조는 유비에 대한 경계심을 내려놓은 상태였다. 조조는 이내 유비의 의견을 받아들였다.

유비는 밤새 무기와 안장을 정비해 서둘러 허도를 떠났다. 관우와 장비는 이토록 서두르는 유비를 본 적이 없어 의아함을 느꼈다. 이에 유비가 진심을 털어놓았다.

"나는 새장 속의 새요, 그물 속의 물고기였다. 이번 서주행은 새가 푸른 하늘로 날아오르고 물고기가 깊은 바다로 들어가는 것이다. 머뭇거리다가 조조가 후회라도 한다면 떠나오지 못했을 것이야."

유비가 황급히 떠나는데 국구 동승이 소식을 듣고 배웅하러 나왔다. 동승은 유비가 떠나면 혈조를 잊고 약속을 잊을까 걱정했다. 이에 유비는 결코 배신하지 않겠다고 약조했다. 동승은 마음이 놓이면서도 침울한 마음을 가누지 못했다.

아닌 게 아니라 순욱과 곽가의 간언으로 조조는 유비를 놓아준 걸 후회했다. 이때 가장 큰 역할을 한 것은 곽가였다. 순욱은 줄곧 유비를 죽이라고 주장했으나 곽가는 유비를 거두는 것이 조조의 명성에 이롭다고 해왔다. 그는 명성을 드높일 도구로만 쓸 작정이었지 유비의 자립을 원치는 않았다. 그래서 호랑이를 산에 풀어주면 통제할 수 없게 되니 유비를 제거하는 쪽에 의견을 보탰다.

조조는 지난날 동탁을 죽이려다 실패하고 황급히 떠났던 일을 떠올렸다. 유비가 갑자기 농사일을 배우고 매실주를 마실 때 유독 당황했던 일을 생각해 보니 뭔가 켕기는 게 있어 그랬던 것 같았다. 이를 깨달은 조조는 유비를 다시 불러들이려 했으나 이미 떠난 뒤였다.

조조는 서주를 지키는 차주에게 밀서를 보내 진등 부자와 상의해 유비가 방심한 틈을 타 제거하라고 명했다. 진등 부자는 여포를 제거할 때 내통한 공이 있어서 조조는 줄곧 그들을 신임했다. 그러나 조조는 진등 부자가 유비의 가장 충실한 지지자임을 모르고 있었다. 이 소식을 알게 된 진등은 곧바로 유비에게 이 사실을 알렸다. 이에 유비는 먼저 손을 써 차주를 제거하고 손쉽게 서주를 점령했다.

이로써 유비는 한번 잃었던 서주를 다시 손에 넣었다. 유비는 서주를 단단히 지켜 다시는 잃지 않겠다고 맹세했다. 조조는 유비가 차주를 죽이고 서주를 차지했다는 소식에 노발대발하며 출정을 서둘렀다. 그러나 공교롭게도 이때 혈조당 일이 발각된다. 조조는 즉시 동승을 비롯해 관련자들을 모조리 붙잡아 죽이고 동승의 여동생이자 한헌제의 후궁인 동귀비董貴妃의 목숨까지 거두었다.

불타는 조조의 심중에 기름을 퍼부은 것은 유비의 배신이었다. 조조는 유비가 그동안 속내를 감추고 자신을 속일 줄 꿈에도 몰랐다. 노기가 다스려지지 않은 채 조조는 유비에 대한 생각을 다시 하게 된다.

이때부터 조조는 유비를 진정한 자신의 적수로 인정했다. 이는 유비에게 좋은 소식이 아니었다. 조조는 기세등등할 때면 자만에 빠져 실수를 저질렀지만 일단 마음을 다잡고 제대로 덤비면 대적할 상대가 없었다.

조조는 혈조와 관련된 자들을 피로 다스린 뒤 한헌제를 더 옴짝달싹 못 하게 감시했다. 이어서 다섯 길로 대군을 보내 유비를 치게 했다. 유비는 다급히 원소에게 도움을 청했으나 원소는 가장 아끼는 아들이 중병에 걸려 유비의 일에 신경 쓸 겨를이 없었다. 결국 유비는 겁에 질린 상태로 가장 두려운 상대를 홀로 맞아 싸울 준비를 했다.

조조는 자신을 속이고 배신한 유비에게 분노해 매서운 공격을 퍼부었고, 유비는 제대로 맞서지도 못한 채 서주를 잃고 말았다. 유비 삼형제는 다시금 뿔뿔이 흩어지게 되었다. 유비의 식솔도 조조의 손에 떨어졌다. 유비는 홀로 말을 달려 원소를 찾아갔고, 장비는 수하 몇을 이끌고 망탕산芒碭山으로 도망쳐 도적이 되었다. 관우만이 토산에 갇히는 신세가 되고 말았다.

조조는 장요를 보내 관우에게 투항을 권했다. 관우는 "한나라에 항복하되 조조에게 항복하지 않겠다."라는 조건을 내건 뒤에야 조조에게 투항했다. 예전에 유비가 여포에게 투항한 것이 관우에게 큰 영향을 미쳤다.

이렇게 유비는 또 서주를 잃었다. 처음에는 여포에게 잃었고, 두 번째는 조조와 연합해 여포를 물리친 후 되찾을 수 있으리라 여겼지만 '황제 알현'을 이유로 조조에게 교묘하게 빼앗겼다. 도겸의 양보를 세 번이나 거절했는데 이로써 자신의 손에 있던 서주를 세 번이나 잃었다. 서주를 떠나던 유비는 뒤를 돌아보며 다시 돌아오리라 다짐했으나 유비와 서주의 인연은 이로써 끝이 난다.

유비는 다시 밑천까지 탈탈 털리는 참패를 겪었다. 이때 유비의 나이 마흔이었다.

《논어》에 이르길 서른에는 자립하고 마흔에는 흔들리지 않는다고 했다. 유비는 서른에 자립하지도 못했고 마흔에는 가진 것을 다 잃었다. 유비는 '왜 내 삶은 이리 험난한가?', '왜 좀 나아지면 다 망가지는가?', '운명이 나를 어디로 이끄는가?', '원대한 꿈을 이룰 수는 있는가?', '앞으로는 어찌해야 할까?'라고 되묻지 않을 수 없었다.

유비는 홀로 말을 달려 기주로 도망쳤다. 아직 관우의 투항 소식을 모르는 것이 다행이었다. 알았다면 꿈이고 자시고 다 포기했을지 몰랐다.

유비는 왜 그랬을까?

유비는 자존감이 높은 사람이었다. 자존감이 낮았다면 그 많은 시련 앞에서 벌써 포기했을 것이다. 자존감이 높은 사람과 자존감이 낮은 사람은 실패를 대하는 방법이 다르다. 자존감이 낮은 사람은 실패를 겪으면 무너지기 쉽다. 자신을 어리석고 무능한 사람으로 몰아세우며 자포자기한 채 모든 것을 운명에 맡긴다. 그것이 설령 자신에게 해로운 운명일지라도 그에 따른다. 그러나 자존감이 높은 사람은 다른 강점을 내세워 실패로 깎여나간 자존심을 메운다. 심리학 실험에 따르면 자존감이 높은 사람은 성취도 평가에서 좋지 못한 결과를 거두더라도 인간

관계의 능력과 성취를 더욱 긍정적으로 부각해 실패로 인한 충격을 줄인다고 했다.

유비는 그 누구보다 많은 좌절과 실패를 겪었다. 이 과정에서 유비를 지탱해 준 '강점'은 끈끈한 형제의 정이었다. 이 긴 세월 유비가 가진 유일한 자산도 형제에 대한 진실한 감정이었다. 유비의 처지가 어떻든 관우와 장비는 아무 원망 없이 일편단심 유비를 따랐다. 실패할 때마다 자신을 위해 죽음을 불사하는 두 아우를 떠올리며 그래도 어떤 면에서는 남들보다 성공했다고 위안했다. 그 덕분에 실패 후 넝마가 된 자존심을 추스르고 다시 일어날 힘을 얻었다.

한마디로 관우와 장비의 충성은 유비 영혼의 기반이었다. 그러니 관우의 투항은 가장 든든한 버팀목을 잃은 것이나 다름없었고, 유비의 영혼은 통째로 흔들렸을 것이다.

원소는 기주로 찾아온 유비를 정성껏 대접했다. 유비는 그곳에서 마음을 추스르고 다시 '의탁' 생활을 시작했다.

원소는 자신이 돕지 않아 유비가 참패한 데 미안함을 느끼고 그 보상으로 유비를 극진히 대했다. 이때 천하의 형세는 날로 명확해졌다. 조조가 원소를 제외한 모든 세력을 없앴기에 북방의 패주 자리를 둘러싼 각축전은 조조와 원소 두 세력의 싸움으로 좁혀졌다.

유비는 이 중차대한 시기에 원소 진영에 들어갔다. 원소는 유비의 부추김으로 먼저 조조를 공격했다. 그러나 이 싸움으로 관우가 조조에게 투항했다는 사실이 만천하에 드러난다. 유비는 가장 충성스럽던 아우의 배신을 어떻게 받아들여야 할까?

◈ **시련을 기회로 바꾸는 역경 극복 처세술**

자존심은 배신에 꺾인다. 믿음이나 의리를 저버리는 행위는 예기치 않은 공격이다. 유대감이 끈끈했거나 친밀했던 사람의 배신은 회복될 수 없는 상처를 남긴다. 믿었던 사람이 주는 신뢰의 파괴는 한 사람을 파멸시킬 수도 있다. 사소한 이익에 휘둘리지 말자. 신의를 먼저 생각하고 상대를 존중하는 마음이 우선되어야 한다.

거절하기 가장 힘든 호소는 형제의 정이다

양군이 맞붙자 관우는 청룡언월도를 휘둘러 원소의 대장군 안량顔良과 문추文醜를 단칼에 죽였다. 원소는 아끼는 장수는 잃은 데 분노해 유비의 목을 베라고 명했다.

관우의 배신으로 유비는 죽고 싶을 만큼 괴로웠다. 그런데 원소는 관우의 죄를 유비에게 뒤집어씌워 죽이려 했다. 스스로 죽고 싶은 것과 남의 손에 죽는 것은 완전히 다른 일이다. '생존을 위한 이기주의'가 다시금 발동했다. 유비가 번뜩 떠오른 생각을 원소에게 말했다.

"관우가 안량과 문추를 죽였으나 제가 조조를 버리고 투항하라고 설득할 수 있습니다. 명공의 뜻은 어떠하십니까?"

원소가 생각해 보니 놀라운 무용을 가진 관우를 얻는다면 안량과 문추가 살아 돌아오는 것보다 나을 듯했다. 이것이야말로 남는 장사였다. 원소는 유비를 죽이는 대신 관우에게 투항을 권하는 서신을 쓰라고 재촉했다.

겨우 목숨을 건진 유비는 가슴에서 사나운 파도가 치는 듯했다. 유비는 붓을 들어 자신이 느끼는 분노, 불만, 쓰라림, 괴로움을 모조리 적어 내려갔다.

나와 족하足下는 도원에서 결의를 맺어 함께 죽기를 맹세하였네. 지금 어쩌다가 중도에 서로 헤어져 은혜와 의리를 저버리는가? 그대가 공명과 부귀를 좇는다면 내 수급을 바쳐 온전히 공을 이루도록 해주겠네. 하고 싶은 말을 글로 다 할 수 없음이니 한사코 그대의 명을 기다리겠네.

유비의 뜻은 이러했다.

"우리는 같은 날 죽기로 맹세한 사이인데 네가 그 약속을 어기고 부귀영화를 좇는구나. 그렇다면 내가 네 원대로 해주겠다. 내 목을 바쳐 네 바람을 들어주마."

이것을 어찌 진지하고 간절한 투항 권유 서신으로 볼 수 있겠는가? 완전히 관우를 조롱하는 글이었다. 그런데 신기하게도 글을 다 쓰고 나니 죽을 만큼 괴롭던 마음이 가라앉았다. 유비는 다시 살아갈 용기를 얻었다.

도대체 어찌 된 영문일까?

미국의 조슈아 스미스Joshua Smyth는 심신이 아픈 사람에게 글쓰기가 미치는 영향을 연구했다. 연구진은 최근에 연애에 실패했거나 가족의 죽음을 겪었거나 교통사고를 당하는 등 심신의 고통을 겪은 사람을 두 그룹으로 나눴다.

그중 한 그룹은 자신이 당한 고통에 대해 며칠 동안 날마다 일정 시간 꾸준히 글로 쓰게 했다. 다른 그룹은 다음날의 계획을 적으라고 했다.

그 후 실험참가자들의 심신의 건강 상태를 검사했다. 그 결과 자신의 상처를 글로 썼던 사람은 다른 그룹보다 신체 면역 기능이나 심리 건강 상태가 양호했다. 자신의 고통을 글로 쓰면서 부정적인 감정이 개선돼 마음속 응어리가 줄어든 것이다. 이를 '글쓰기 치료the writing cure'라고 한다.

사실 글쓰기는 자유롭게 본심을 털어놓을 수 있는 수단이다. 당신을 아프게 했던 그 사람은 지금 당신 앞에 없다. 그러니 마음껏 하고 싶은 말을 할 수 있다. 모든 불만과 분노를 글로 배출하면 마음이 깨끗이 비워진다. 그러면 비 온 뒤 맑게 갠 하늘처럼 기분이 나아지는 것이다.

미국 대통령 링컨은 '글쓰기 치료' 덕을 종종 봤다. 미국 남북전쟁이 한창이던 때 링컨은 엄청난 스트레스에 시달렸다. 그가 임명한 장군들은 모두 거만하기 짝이 없어서 그의 지휘를 무시하기 일쑤였다.

링컨은 분을 참을 수 없을 때 편지에 자신의 분노를 모조리 쏟아냈다. 그리고 다 쓴 편지는 보내지 않고 바로 태워버렸다. 나중에 누군가가 그 이유를 묻자 링컨이 대답했다.

"편지를 쓰고 나면 분노가 사그라집니다. 그런데도 편지를 보내면 상대방의 감정을 상하게 하고 새로운 갈등을 불러일으키니 보내지 않는 겁니다."

자신의 스트레스를 해소하면서 새로운 갈등을 만들지 않는 링컨의 방법은 매우 현명했다. 그러나 유비는 그렇게까지는 하지 못했다. 붓을 내려놓은 유비는 곧바로 사람을 시켜 관우에게 서신을 보냈다.

온갖 비꼬는 말로 가득한 이 서신은 관우를 화나게 해 정말로 형제 사이를 갈라놓을까? 그럴 가능성이 크다고 봐야 했다.

관우는 어쩔 수 없이 투항한 것이지 유비를 배신한 것이 아니었다. 유비가 불만과 이해할 수 없다는 심경으로 악담을 쏟아내고 관우를 비난한 것은 전혀 이치에 맞지 않았다.

위급한 상황에서 형제들은 나 몰라라 하고 저 혼자 도망친 사람은 유비였다. 그런데 이제 와 형제에게 '배신'의 구정물을 뒤집어씌우는 것인가. 말도 안 되는 소리였다. 게다가 지난 세월 형님이라고 따르며 온갖 고생을 하고도 실패만 한 건 무능한 유비 탓이 아닌가. 그런데도 조롱을 퍼붓고 비난하니 이쯤에서 연을 끊고 각자의 삶을 살면 그만이었다.

십중팔구는 그렇게 할 것이다. 그러므로 유비의 서신은 모든 걸 다 잃는 악수가 될 확률이 높았다. 그러나 관우는 나머지 1명에 속했다.

관우는 충성스럽고 의로운 인물이었다. 그는 유비의 서신을 받자마자 통곡하며 눈물을 쏟았다. 그리고 조조에게서 받은 한수정후漢壽亭侯라는 작위와 금은보화를 다 버리고, 유비의 두 부인을 모시고 천 리 길을 홀로 달려 다섯 관문을 넘고 여섯 장수를 죽이며 유비를 찾아간다.

관우는 고성을 지날 때 헤어졌던 장비를 만난다. 그런데 지난날 관우가 술에 취해 서주를 잃은 장비를 용서하지 않았던 것처럼 장비도 조조에게 투항한 관우를 용서하지 않았다. 장비가 죽일 듯 달려드는 것을 본 유비의 두 부인이 뜯어말려 겨우 장비의 마음을 돌렸다.

관우와 장비가 유비가 있는 원소의 진영으로 향할 때 유비는 다른 생각을 하고 있었다.

유비는 원소 진영의 어지러운 상황을 목도하고 조조의 정확한 안목에 탄복할 수밖에 없었다. 현재의 실력으로 보면 원소가 조조보다 강했지만 결국 마지막에 웃는 자는 조조가 될 것 같았다.

그때 관우와 장비가 고성에서 옛 부하들을 모으고 있다는 소식까지 들은 유비는 원소 곁을 떠나기로 했다. 유비는 상황이 불리하면 큰 세력에게 의탁해왔으나 기회만 있으면 독립해 자신의 세력을 키우려는 의지가 강했다.

유비가 원소 곁을 떠날 방법을 고민하고 있을 때, 그의 옛 수하 간옹簡雍이 방법을 일러주었다.

유비는 원소를 만나러 갔다.

"지금 조조의 세력이 갈수록 커지고 있으니 유표와 손을 잡고 함께 조조를 토벌하는 것이 어떻겠습니까?"

원소가 말했다.

"유표는 형양 9군을 차지하고 있고, 군사도 날래고 군량이 풍족하지요. 만약 그와 손을 잡을 수 있다면 그보다 좋을 수 없을 거요. 전에 사람을 보냈는데 그는 동맹을 맺을 뜻이 없었소."

유비가 말했다.

"유표는 저의 종친으로 손위 형님뻘이 됩니다. 제가 가서 권한다면 동맹을 받아들일 겁니다."

유비가 틈만 나면 내밀었던 '한실 종친' 카드가 다시금 등장한 것이다.

원소가 들어보니 그럴싸했다. 원소는 유비의 뜻대로 하라고 했다. 유비가 물러 나와 떠날 준비를 하고 있을 때 간옹이 원소를 찾아가 말했다.

"주공, 유비는 이번에 떠나면 돌아오지 않을 것입니다."

원소는 깜짝 놀랐다. 간옹은 원래 유비의 사람이었는데 그런 그가 유비를 헐뜯었기 때문이다. 원소가 그 까닭을 묻자 간옹이 답했다.

"유표와 유비는 종친이니 유표 곁에 머물고자 하지 않겠습니까?"

그 말이 옳다고 여긴 원소가 유비를 불러들이려 하는데 간옹이 말했다.

"주공, 제게 아주 좋은 방법이 있습니다. 이번에 저를 유비와 함께 보내주십시오. 그럼 유표와의 동맹을 성사시키는 데 힘을 보탤 수 있을 뿐만 아니라, 또 하나는 유비가 허튼짓을 못 하게 감시할 수 있지 않겠습니까?"

원소는 크게 기뻐하며 간옹을 유비와 함께 보냈다.

이는 원소 곁에서 탈출하기 위한 간옹의 묘책이었다. 유비가 원소를 떠난다면 간옹도 유비를 따르고 싶었다. 유비가 수없이 실패해도 인격적 매력이 컸던 까닭이다. 그러나 대놓고 유비와 함께 보내달라고 하면 원소의 의심을 살 수 있으니 '반대 입장 전략'으로 목적을 달성한 것이다.

'반대 입장'은 설득하려는 사람이 말하는 내용이 실제 자신이 바라는 바와 상반되는 것을 말한다. 설득하려는 사람이 반대 입장에서 이야기를 꺼내면 더 객관적이고 공정해 보이므로 설득력이 커지는 것이다.

사람들은 간옹이 유비의 옛 부하이므로 그의 입장이 유비와 같고 추구하는 바가 일치한다고 생각한다. 그런데 간옹이 유비의 뒷말을 한 것은 그가 옛 주인과 선을 긋고 원소의 편에 섰음을 보여줬다.

그래서 원소는 그의 말에 쉽게 넘어갔다.

교묘하게 원소를 속여 넘긴 유비와 간옹은 유표를 만나러 가지 않고 고성으로 향해 관우, 장비와 재회했다. 한날한시에 죽기로 맹세한 삼형제가 감내하기 어려운 감정적 시련을 겪고 다시 만난 것이다.

그 순간 세 사람은 어떤 심경이었을까?

◈ 시련을 기회로 바꾸는 역경 극복 처세술

모든 편지의 수신인은 사실 편지를 쓴 자신이다. 수신인에게 하고 싶은 말을 전하고 싶어 쓰는 편지지만 결국 자신의 마음을 보이는 것이다. 자신의 마음을 전함으로써 자신이 위로받고 치유되는 경험을 한다.

절망에 빠지는 순간
잡을 지푸라기도 사라진다

사실 유비는 관우를 용서한 지 오래였다.

이유는 두 가지다. 하나는 유비가 관우를 조롱하는 서신을 쓰면서 자신도 모르게 '글쓰기 치료'를 받아 마음속 응어리를 많이 덜어냈기 때문이다. 다른 하나는 유비의 서신을 받은 관우가 조조에게 받은 작위와 금은보화 등을 다 버린 채 온갖 역경을 물리치고 어렵사리 유비를 찾아온 것이다. 이는 관우가 조조에게 투항한 데서 입은 자존심의 상처를 메우고도 남았다.

고성에서 다시 만난 삼형제는 서로 얼싸안고 통곡했다. 한바탕 울고 나니 서로에 대한 원망과 억울함이 눈 녹듯 사라졌다. 잃어 봐야 소중함을 알고 다시 얻어 봐야 너그러움을 안다. 이후 유비 삼형제의 우애는 더욱 깊고 단단해져 그 누구도 갈라놓지 못했다.

유비가 고성에 터를 잡자 조운을 비롯한 흩어졌던 옛 수하들이 잇달아 찾아왔다. 조운은 원래 공손찬 휘하의 용장이었다. 그런데 공손찬이 원소에게 패해 죽은 뒤 이리저리 세상을 떠돌다 유비를 찾아왔다.

문관으로 손건, 간옹, 미축을 두고, 무관으로 관우, 장비 조운을 휘하에 둔 유비는 몹시 뿌듯하고 기뻤다.

이후 유비는 여남汝南에 터를 잡은 유벽劉辟, 공도龔都와 연합해 새로운 근거지를 얻었다.

유비의 예측이 맞았다. 관도대전官渡戰鬪에서 조조는 훨씬 적은 군사로 강대한 원소를 쳐부수고 원소의 근거지인 기주까지 무너뜨렸다. 원소가 죽자 유비의 호시절도 끝이 났다. 조조가 곧바로 칼끝을 돌려 '혈조당'의 일원이었던 유비를 겨냥한 것이다.

유비는 줄곧 조조의 뛰어난 능력과 강대한 세력을 두려워했다. 그러나 뜻한 바를 이루려면 조조라는 산을 넘어야만 했기에 죽기를 각오하고 맞섰다.

조조는 체구가 작았지만 유비의 눈에는 태산보다 거대해 보였다. 그런데 막상 전장에서 마주한 조조는 '왜소'하고 생김새도 '못나' 보였다. 이는 '지각 역전perceptual reversals' 때문이다. 어떤 사람이 적이 되는 순간 그의 이미지를 왜곡하는 것이다.

유비를 보고 천불이 난 조조는 말채찍으로 유비를 가리키며 꾸짖었다.

"내 너를 상빈上賓의 예로 대하고 형제처럼 은혜를 베풀었거늘 어찌 은혜를 잊고 의리를 저버리느냐?"

조조가 유비에게 이를 가는 데는 두 가지 이유가 있었다. 하나는 유비 때문이다. 유비는 몰래 혈조당에 가입해 조조를 해치려 했다. 다른 하나는 관우 때문이다. 관우는 작별도 고하지 않고 떠났으며 조조의 장수들을 여럿 죽였다.

유비는 가슴을 펴고 형형한 눈빛으로 조조를 쳐다보며 크게 외쳤다.

"너는 명색은 한나라 승상이지만 실은 한나라의 역적이다. 나는 한실 종친으로서 마땅히 너를 토벌해야 한다!"

절묘한 대답이었다. 유비는 조조의 비난에 대응하지 않고 두 사람의 논쟁을 도의적 차원으로 격상시켜 그의 불의를 꾸짖었다. '사적'인 것이 '공적'인 것보다 우위에 설 수는 없다. 이로써 조조가 가진 도덕적 우위는 사라지고 '부도덕한 자'라는 결론만 남았다. 유비가 '차원 격상 전략'을 쓴 것이다.

이로써 유비는 심리적으로 조조보다 도덕적 우위에 서고 독립된 인격을 형성했다.

유비의 교활한 말에 조조는 속이 부글부글 끓었다.

“나는 황제의 명으로 사방의 역적을 토벌하고 있는데 어디서 감히 헛소리냐!”

‘황제 끼고 제후 호령하기’는 언제 어디서나 통했다. 이미 ‘황제’를 끼고 있으니 정치 도덕적으로 조조를 이길 자가 없었다.

그런데 지금 유비의 손에는 조조에게 대적할 비장의 무기가 있었다. 바로 한헌제가 손수 쓴 혈조였다. 유비는 경멸의 웃음을 흘렸다.

“네가 말하는 황제의 명은 속임수에 지나지 않는다. 황제의 혈조가 내게 있느니라!”

말을 마친 유비는 큰 소리로 혈조를 읽어 내려갔다.

이를 들은 조조는 순식간에 낯빛이 변했다.

‘황제의 명’과 ‘혈조’는 대등했다. 따라서 조조가 내세운 논리는 유비에게 통하지 않았다. 그러나 생각해 보면 유비는 ‘혈조당’ 동지들에게 부끄러움을 느껴야 했다. 혈조당에 힘을 보탠 적 없이 홀로 단물만 빨아먹고 있지 않은가. 유비는 ‘생존을 위한 이기주의’에 빠져 제 한 몸 지킬 기회를 잡아 빠져나갔지만 허도에 있던 동승을 비롯한 관련자 천여 명은 아까운 목숨을 잃었다.

조조는 말로 이길 수 없자 힘을 동원했다. 조조의 공격을 막아낼 수 없었던 유비는 황망하게 도망친다. 한강漢江까지 도망친 유비가 군사를 세어보니 남은 자가 불과 천 명도 안 됐다. 그나마 관우, 장비, 조운이 죽기를 각오하고 유비의 식솔을 지킨 덕분에 네 번째로 적의 손에 떨어지는 것만은 막을 수 있었다.

유비는 간신히 끌어모은 자산을 또다시 잃은 데 절망했다.

도대체 몇 번째 실패인가? 지난 20년 동안 유비는 싸울 때마다 패했고, 상황이 조금 나아졌다 싶으면 괴멸 수준의 타격을 입고 빈털터리가 됐다. 그래도 유비는 또 싸웠다. 그 과정에서 자신에 대한 믿음과 미래에 대한 동경을 놓지 않았다. 여태껏 그래왔는데 이날은 달랐다.

이때 유비의 나이 마흔하나였다. 유비는 열다섯에 하늘의 뜻을 알았고, 서른에 자립하지 못했고, 마흔에는 크게 흔들렸다. 17년 동안 고생하고도 남은 게 없는 허망한 현실에 유비는 처음으로 하늘의 뜻을 의심하게 되었다.

'설령 하늘의 뜻이 내게 있고, 황제의 꿈을 이룬다 해도 내게 남은 날이 얼마나 될까?'

당시는 평균 수명이 그리 길지 않았다. 성공한 자들은 대개 서른에 삶의 기반을 마련했고 마흔에 인생의 정점을 찍었다. 그런데 유비는 마흔하나가 되고도 이룬 것이 없었다. 남은 날은 얼마 없는데 자신이 상대할 조조는 너무 강했다. 장수, 여포, 원술, 원소 등 난다 긴다 하는 세력가가 모두 조조의 손에 무너졌는데 나라고 예외가 될 수 있을까?

이정의 '귀인론'에서 비롯된 유비의 심리적 에너지는 조조에게 참패하면서 완전히 고갈되고 말았다. 강변에 선 유비는 지난 십수 년 동안 자신을 따른 부하들 앞에서 눈물을 흘렸다.

"그대들은 모두 왕을 섬길 만한 재주가 있으므로 누구를 따르더라도 부귀영화를 누릴 수 있을 것인데 불행히도 이 유비를 따르고 있구려! 한데 내 명이 곤궁하여 그대들에게 누를 끼치고 있소. 오늘 나에게 위로는 하늘을 가릴 지붕이 없고 아래로는 송곳조차 꽂을 땅이 없으므로 더는 그대들을 그르칠 수 없소. 그러니 나를 떠나 각자 명군을 찾아가 부귀공명을 이루시오!"

유비는 절망에 빠졌다. 지난날에는 하늘이 자신을 돌본다고 생각했다. 아니라면 관우와 장비를 쉽게 얻었을 리 없었고, 도겸이 서주를 양보했을 리도 없으며, 황제가 황숙이라고 부르지도 않았을 것이다. 이런 잇따른 행운에 기대 유비는 긴 세월을 참아왔다. 그런데 재기할 수 없을 정도의 타격이 계속되자 문득 지금까지의 행운은 운명의 장난질이 아니었나 회의가 들었다. 아무리 심지 굳은 사람도 거듭된 시련을 이겨내는 건 쉽지 않다.

하늘의 뜻은 짐작하기 어렵고 사람의 힘도 다할 때가 있다.

아끼는 수하들을 떠나보내려는 것은 유비가 정말로 포기했음을 의미했다. 더는 살고 싶은 마음도 없었다. 부하들을 떠나보내고 나면 더는 애써 버티지 않고 스스로 목숨을 거두리라. 그리하여 여태껏 느껴본 적 없는 마음의 평안을 찾으리라.

유비의 말에 같은 심정이 된 사람들은 큰 소리로 울기 시작했다. 어둠이 내린 강가에 세찬 바람이 불었다. 마치 사지에 몰린 영웅의 처지에 공감하는 소리 같았다. 이 얼마나 가슴이 찢어지는 장면인가. 얼마나 가슴이 뭉그러지는 상황이란 말인가. 절망해 본 적 없는 사람은 아무리 애써도 사지를 벗어날 수 없는 자의 구슬픈 울음소리를 이해하지 못할 것이다.

무겁게 가라앉은 분위기 속에서 관우가 나섰다. 조조에게 투항했다가 유비의 아우로 돌아가는 지옥 같은 과정을 겪으며 더없이 굳건해진 그였다. 관우는 비통해하는 유비를 단박에 일깨웠다.

"형님, 그 말씀은 틀렸습니다. 지난날 고조께서 항우와 천하를 다투면서 수없이 패했으나 해하垓下에서의 일전에 성공하시어 4백 년 나라의 기틀을 마련하셨다 들었습니다. 제가 형님을 따라 20년 동안 전장을 누비며 이기기도 하고 지기도 했습니다. 그런데 어찌 오늘 그리 의기소침한 말씀을 하십니까? 천하의 비웃음을 살 것입니다!"

관우가 포문을 열자 침울하게 가라앉았던 분위기가 싹 변했다. 그러나 유비는 여전히 모든 기대를 접은 채 탄식했다.

"주인이 귀해야 신하가 명예롭다고 하는데 나는 발붙일 자리조차 없지 않은가. 참으로 부끄럽구나. 그대들의 앞날을 망칠까 두렵다."

관우의 말에 기운을 차린 손건이 말을 받았다.

"사군의 말씀은 틀렸습니다. 싸움에서는 이길 때도 있고 질 때도 있으니 결코 낙담해서는 안 됩니다. 이곳은 형주에서 그리 멀지 않습니다. 유표는 당대의 영웅이고 사군과 같이 한실 종친인데 어찌 그를 찾아가 의탁하지 않으십니까?"

손건은 내성적이고 차분한 사람이었는데 마치 다른 사람이 된 것처럼 격정을 토했다. 손건만이 아니었다. 마치 참패가 사기를 북돋기라도 한 듯 다들 평소보다 적극적이었다.

보통의 경우 참패는 조직의 와해를 불렀다. 원소가 좋은 예다. 관도대전에서 패한 뒤 원소의 모사와 무장 등 상당수가 조조에게 투항했다. 그러나 세상일에는 늘 예외가 있는 법이다. 때로는 위기가 내부 결속을 다지기도 한다.

이 차이는 지도자에게서 비롯된다. 지도자가 무능하고 시대의 흐름에 역행한 경우가 아니라면, 실패는 오히려 단체를 더 단단하게 결속시키기도 한다. 유비는 '인의군자'의 명성을 쌓기 위해 부단히 노력해 왔다. 또 혈조 사건 희생자들이 뜨거운 피로 일군 '도의'의 탑은 유일한 생존자인 유비를 위한 트로피가 되었다. 이 순간 유비는 한실의 희망이자 도의의 극치를 상징했다. 사악한 세력인 역적 조조와 맞서다 당한 실패는 유비의 명성을 해치기는커녕 정의로움을 더했다.

유비는 빈털터리가 아니었다. 그는 이미 '사람들의 화합'을 이뤄냈다.

유비는 절망적인 상황에서도 수하들이 자신을 원망하거나 떠나지 않고 새로운 계책을 내는 것을 보고 마음을 다잡았다. 유비는 손건을 형주로 보내고 수하들과 좋은 소식이 오기를 기다렸다. 〈2권에 계속〉

◈ 시련을 기회로 바꾸는 역경 극복 처세술

사지에 빠져 죽는 것이 아니라 절망에 빠져 죽는다. 낙심하거나 낙담으로 자신을 구렁텅이에 몰아넣지 말자. 다시 일어설 기운을 잃고 회생의 빛을 보지 못한다. 최악의 순간 극단의 상황에서도 한 가닥 희망은 있다. 당장 길을 못 찾고 있을 뿐이다. 절망하기보다 잠깐 숨을 돌리자. 보이지 않던 빛이 시야에 들어올 것이다.